BIBLIOTECA CELESTE

14

EDIZIONI
STAZIONE CELESTE

DAGLI STESSI AUTORI

ADAMUS SAINT-GERMAN
MAESTRI NELLA NUOVA ENERGIA

TOBIAS
IL VIAGGIO DEGLI ANGELI

ADAMUS SAINT-GERMAN
ATTO DI COSCIENZA

ADAMUS SAINT-GERMAN
MEMORIE DI UN MAESTRO

Questo libro è stampato su carta certificata FSC, che unisce fibre riciclate post-consumo a fibre vergini provenienti da buona gestione forestale e da fonti controllate. Gli inchiostri utilizzati per la stampa non contengono composti organici volatili, sono esenti da oli minerali e hanno una base vegetale, ambientalmente compatibile.

ADAMUS SAINT-GERMAIN

VIVI LA TUA DIVINITÀ

RIVELAZIONI DELLA NUOVA ENERGIA

CANALIZZATO DA GEOFFREY E LINDA HOPPE

EDIZIONI
STAZIONE CELESTE

Titolo originale dell'opera
LIVE YOUR DIVINITY

Lingua originale dell'opera
INGLESE

Editore in lingua Inglese
WEISER BOOKS (USA)

Prima edizione in lingua Inglese
MAGGIO 2012

Traduzione
FULVIA ZAVAN

Progetto editoriale
PIETRO ABBONDANZA

Stampa
LINEAGRAFICA – CITTÀ DI CASTELLO (PG)

PRIMA EDIZIONE MAGGIO 2012
SECONDA EDIZIONE AGOSTO 2022

ISBN 978-88-6215-014-9

EDIZIONI
STAZIONE CELESTE
VIA MONTEROSA, 21 – BARZANÒ (LC)
WWW.EDIZIONISTAZIONECELESTE.IT

INDICE

INTRODUZIONE VII

GLOSSARIO XI

UN MESSAGGIO DI ADAMUS SAINT-GERMAIN 3

Capitolo Uno
DENTRO IL TUO RISVEGLIO 13

Capitolo Due
IL CORPO DI COSCIENZA 51

Capitolo Tre
LE ATTUALI ENERGIE DELLA CONSAPEVOLEZZA UMANA 55

Capitolo Quattro
L'ALCHIMIA DELLA LUCE E DELL'OSCURITÀ 71

Capitolo Cinque
LA MAESTRIA DEL SÉ 85

Capitolo Sei
DIVENTARE UN UMANO MULTIDIMENSIONALE 105

Capitolo Sette
TU E LA NUOVA ENERGIA 123

Capitolo Otto
POTENZIALI E MANIFESTAZIONI 139

Capitolo Nove
LA TUA SOVRANITÀ 167

Capitolo Dieci
I CINQUE SENSI ANGELICI 179

Capitolo Undici
MAKYO E AHMYO 197

Capitolo Dodici
LA FINE DELLA DUALITÀ 201

Capitolo Tredici
NIENTE 207

INTRODUZIONE

Adamus Saint-Germain è il professore, il maestro, l'insegnante e trasmette i suoi messaggi tramite Geoffrey e Linda Hoppe.

Nel corso del tempo, molto è stato scritto su questo personaggio straordinario ed enigmatico e tante sono le storie narrate su di lui. Adamus si è manifestato sulla Terra in molte esistenze assumendo identità diverse ed esprimendosi attraverso tante avventure. Nella sua vita come Saint-Germain, era nato in Spagna da un padre portoghese, ebreo, e da una madre della stirpe reale di Spagna. Il suo nome era Adamus, ma egli scelse di chiamarsi Conte di Saint-Germain quando incominciò a viaggiare in tutta l'Europa. Fu consigliere di re e di nobili e aveva fama di essere un grande alchimista – un grande motore di energia.

Adamus Saint-Germain, nel nostro tempo, è qui per insegnarci la nuova consapevolezza e la nuova energia. Viene a ricordarci che la vera natura del movimento dell'energia è una questione di fisica. Ed è qui per assistere l'umanità nella transizione dalla "vecchia" energia di potere, vibrazione e dualità alla, più facilmente accessibile, nuova energia di espansione. Più che titoli nobiliari e identità, Adamus porta la saggezza, la passione e l'abilità creativa di un vero maestro.

Il contenuto di questo libro è un estratto dei messaggi che Adamus ha dato in tutto il mondo e che sono stati canalizzati in pubblico. Leggendo le sue parole, immagina di essere seduto in mezzo a quel pubblico e di percepire la stessa energia di quel luogo. Immagina Adamus che cammina nella stanza, che disegna un quadro, che pungola e provoca l'ascoltatore a esaminare i propri vecchi schemi e le vecchie credenze affinché egli possa espandere la propria consapevolezza entro nuovi territori. Anzi, immagina che Adamus stia parlando direttamente a te, perché se hai questo libro fra le mani è quello che sta facendo.

Il processo di comunicare le informazioni di un'entità non fisica attraverso un interprete umano si chiama canalizzazione. Quando Geoffrey e Linda canalizzano, dopo essere entrati in connessione energetica con Adamus, incominciano a ricevere un carico di informazioni. Ciò avviene sottoforma di "pacchetti energetici", piuttosto che con vere e proprie parole, che Geoffrey, poi, traduce in parole che comunica al pubblico, trasmettendo anche lo spettro completo dei sentimenti, dei movimenti e delle espressioni di Adamus. Durante tutto questo processo, la presenza di Adamus è sempre forte nella stanza.

Geoffrey si è preso la libertà di editare i messaggi di Adamus per rendere la scrittura più chiara, ma ha prestato molta attenzione a non alterare il significato originario e l'intento dei messaggi. Mentre lo faceva, sentiva che Adamus gli era vicino e, in molte occasioni, gli ha impedito di apportare dei cambiamenti al testo perché voleva che le parole rimanessero immutate, anche se la grammatica non era perfetta.

Geoffrey e Linda Hoppe, attraverso il *Crimson Circle,* portano il messaggio di Adamus in tutto il mondo, tenendo corsi e seminari. Hanno visitato oltre 30 paesi da quando, nel 2001, si sono dedicati a questo lavoro a tempo pieno. Inizialmente, canalizzavano un angelo delizioso che si chiamava Tobias. Dopo che Tobias si è reincarnato nel luglio del 2009, Adamus

Saint-Germain ha continuato a trasmettere messaggi per decine di migliaia di persone in tutto il mondo.

Tobias aveva una personalità dolce e si poneva quasi come un nonno. Come diceva spesso al pubblico, era qui per aiutarci a ricordare la nostra origine divina. Ci ha dato gli strumenti per gestire i sintomi del risveglio e ci ha offerto una profonda visione del viaggio degli angeli dal momento in cui abbiamo lasciato Casa ad ora. Geoffrey canalizzava Tobias con gli occhi chiusi, seduto su una sedia o su un alto sgabello da bar.

La personalità di Adamus è completamente diversa. Fin quasi da subito dopo aver assunto le responsabilità di Tobias, Adamus ha insistito che Geoffrey tenesse gli occhi aperti. Cammina per la stanza, coinvolge attivamente le persone presenti e le mette in discussione. Sa essere affascinante, inquietante, amorevole ed esasperante. Dice e fa cose intenzionalmente, per tirarci fuori dalla nostra area di sicurezza in modo da farci realizzare chi in realtà siamo: Spiriti in una condizione umana. Prima fa sbellicare il pubblico dalle risate e, un attimo dopo, quello stesso pubblico rimane visibilmente scosso dalle sue parole. Lo amano, lo rimproverano, si innervosiscono con lui, lo ammirano, ma quasi tutti quelli che lo ascoltano o che leggono le sue parole imparano da lui qualcosa di divinamente prezioso.

Oltre ai numerosi workshop ed eventi, il *Crimson Circle* offre anche il sito web *www.crimsoncircle.com* dove è possibile ricevere gratuitamente gli aggiornamenti mensili di Adamus. Ulteriori informazioni su Adamus, Tobias e il *Crimson Circle* sono disponibili sul sito*.

---

*. Le traduzioni in italiano delle canalizzazioni del Crimson Cricle sono disponibili su www.stazioneceleste.it, sezione "*channeling*" [ndr]

GLOSSARIO

Termini e definizioni utili per la lettura di questo libro:

Adamus Saint-Germain
Un maestro, un angelo, un professore e insegnante che trasmette i suoi messaggi e informazioni dal *Crimson Circle* tramite Geoffrey Hoppe.

Angelo
Un essere con l'anima, nato dall'Uno originario, creato dall'amore dello Spirito.

Ascensione
Lo stato di essere completo e in totale accettazione e amore per sé stessi senza riserve, dopo aver lasciato andare tutte le limitazioni dell'esistenza umana e completamente integrato ogni parte del Sé.

Aspetti
Ruoli o identità diverse che noi, in quanto Esseri Creatori, abbiamo usato per rispondere alla domanda: "Io chi sono?" Noi creiamo aspetti di noi per affrontare certe situazioni nel corso della nostra vita (per esempio: figlio, genitore, uomo d'affari, guaritore, ecc.). Abbiamo anche molti altri aspetti che provengono da vite passate,

da sogni e da regni multidimensionali. Questi molteplici livelli e strati di aspetti possono creare caos e confusione quando entrano nella nostra consapevolezza e quando escono. Tuttavia, con una scelta consapevole, noi possiamo accogliere questi aspetti a "casa" dentro di noi e diventare completamente integrati.

Atlantide
La seconda era di esperienza della Terra, che viene dopo l'era lemuriana. Gli atlantidei erano, per natura, molto comunitari.

Canalizzazione
Il processo di ricevere informazioni e messaggi da un essere angelico o non-fisico e di tradurli in parole in modo che altri li possano ascoltare o leggere.

Casa
Il Primo Cerchio della creazione; l'Uno originale da cui noi proveniamo.

Cauldre
Il nome con cui Adamus chiama Geoffrey Hoppe. Non è un "nome spirituale", è piuttosto un soprannome. Si pronuncia Ka-ul'-dra.

Corpo di Coscienza
Un umano completamente integrato nel corpo fisico, nella mente, nell'intelligenza, nella consapevolezza, nei sentimenti e nello spirito.

Coscienza
Consapevolezza o espansione. La coscienza attiva l'energia e i potenziali di energia che ci circondano.

Crimson Circle
Il gruppo di umani coinvolti in questo viaggio spirituale che si preparano a diventare insegnanti per gli altri che sono in viaggio. Vedere *www.crimsoncircle.com* per ulteriori informazioni.

Crimson Council
Un ordine celeste di insegnanti, tra cui Tobias, Kuthumi lal Singh, Adamus Saint-Germain e altri angeli che ci assistono nel nostro viaggio.

Dio
Spirito, Fonte o Sorgente, da cui noi proveniamo e che è anche in noi; l'essenza creativa divina interiore.

Esseri con l'anima
Quando lo Spirito si è reso manifesto sono venute in essere tutte le anime. Ogni essere con l'anima possiede, interiormente, l'essenza creativa e l'energia sovrana della Sorgente ed è manifestazione unica e personale.

Fonte, Sorgente
Spirito; la fonte di vita in noi; la divina energia.

Frutto della rosa
Il promemoria della nostra passione divina e dello scopo per cui siamo qui, che abbiamo piantato per noi stessi.

Gaia
Il grande angelo che ha accettato di venire, soffiare la vita nel pianeta e rimanerci fino a quando gli umani non fossero stati pronti ad accettare la responsabilità di prendersi cura della Terra.

Gnost

Divina intelligenza, intuizione, sapere consapevole. La soluzione contenuta entro ogni problema e ogni domanda.

Immaginazione

L'essenza dell'energia creatrice; l'inizio di tutta la manifestazione.

Kuthumi lal Singh

Un Maestro Asceso nei regni non fisici che ha vissuto molte vite sulla Terra e che trasmette messaggi tramite Geoffrey Hoppe e molti altri.

Lemuria

La prima era dell'esperienza della Terra, quando gli angeli impararono per la prima volta come far scendere l'energia e incarnarsi nella materia.

Muro di Fuoco

Espansione di consapevolezza o sapienza che va oltre sé stessa; una metafora per spiegare l'espandersi da Casa dentro il Vuoto; una linea di demarcazione metaforica tra la consapevolezza e il Vuoto.

Nuova energia

La prossima evoluzione dell'energia. La nuova energia permette l'integrazione della natura divina in quella umana. Mentre l'energia attuale è vibrazionale, la nuova energia è espansionale, si espande in tutte le direzioni contemporaneamente. La nuova energia contiene sia la consapevolezza che l'energia, mentre la vecchia energia non aveva alcun elemento di consapevolezza.

Regni Vicini alla Terra

Regni che circondano la Terra, dove vanno le essenze non fisiche di molti esseri, tra un'incarnazione e l'altra. Uno strato di consapevolezza strettamente collegato alla Terra.

Shaumbra

Il nome che Tobias usava per riferirsi ai gruppi di umani che stanno attraversando il processo di risveglio. L'origine del termine risale ai tempi di Yeshua ben Joseph (Gesù), quando le persone – molte delle quali erano Essene – si riunivano per incontri spirituali. Liberamente tradotto dall'ebraico antico; la prima parte della parola Shaumbra, che si pronuncia "Shau-home", significa casa o famiglia. La seconda parte della parola è "ba-rah", che significa viaggio e missione. Mettendo insieme le due parti si ha "shau-home-barah", che significa: "famiglia che viaggiando insieme vive delle comuni esperienze". Tobias afferma che ai tempi della Bibbia, "shaumbra" era anche una sciarpa o uno scialle indossato da uomini e donne. Era di color cremisi intenso e informava gli altri che era arrivato il momento di riunirsi. "Sham-bra" è la sua pronuncia.

Spirito

Anche detto Dio, Sorgente, Fonte o l'Uno Eterno, la scintilla divina che è in ogni essere con l'anima.

Templi di Tien

Un luogo speciale dell'Atlantide dove, all'inizio, gli Shaumbra si riunivano per studiare l'energia. Molti Shaumbra si conoscono dai tempi in cui lavoravano nei templi.

Terzo Cerchio

L'energia o essenza del sé totalmente sovrano, completo in sé, che non ha bisogno di nulla da fuori. Il tuo Terzo Cerchio personale è il tuo stato di ascensione, la tua sovranità piena e completa.

Tobias

Tobias è un essere angelico del gruppo spirituale di insegnanti, chiamato *Crimson Council*, che trasmette messaggi e corsi di studio tramite Geoffrey Hoppe. Tobias ha canalizzato messaggi per il pubblico dal 21 agosto 1999 fino al 19 luglio 2009. Ora si è incarnato in un corpo fisico sulla Terra.

Toning

Uso di suoni vocalizzati per ripristinare il modello vibrazionale del corpo all'interno di un campo elettro-magnetico perfetto, permettendo in questo modo al corpo e a tutte le sue parti di funzionare in armonia.

Uno

La Casa originale; Tutto Ciò Che Era.

Vuoto

Il niente al di fuori di Casa. Dopo aver lasciato Casa, gli angeli si sono trovati nel Vuoto dove non esisteva niente, nemmeno l'oscurità. Facendo uso della consapevolezza e dell'energia, gli esseri angelici, dal Vuoto, hanno creato i regni fisici e i regni non fisici.

Yeshua ben Joseph

Conosciuto anche come Gesù, una manifestazione umana della Coscienza Cristica, fatta scendere sulla Terra da coloro che avevano capito che era tempo per il divino di unirsi all'umano sulla Terra.

VIVI LA TUA DIVINITÀ

UN MESSAGGIO DI ADAMUS SAINT-GERMAIN

Io Sono Ciò Che Sono, Adamus del Sovrano Dominio, dell'Ordine Angelico del *Crimson Council.*

Perché stai leggendo queste pagine? Non perché ci sia qualcosa che tu debba imparare. Tu conosci già tutto quello che c'è scritto in questo libro, con un'unica possibile eccezione. E non stai nemmeno leggendo queste parole per mera curiosità. Non avresti in mano questo libro, se il tuo interesse per l'occulto fosse solo superficiale.

Sei qui perché sei pronto a fare un'esperienza, un'esperienza dell'anima, un'esperienza pervasa di Spirito. Ecco cosa succede quando l'allievo smette di cercare: incomincia a sperimentare. Dio ama sperimentare e anche tu sei Dio.

L'esperienza che avrai, nel tempo che passeremo insieme, con te immerso nelle pagine del libro, dipenderà interamente da te. Potrai andare in fretta o adagio. Potrà essere un'esperienza intensa o tranquilla. Tu, mio caro amico, sei al volante, comandi l'acceleratore e i freni. Nella tua esperienza io sono solo un passeggero. Lungo il cammino ti offrirò consigli e suggerimenti; alcuni ti piaceranno e altri potrebbero non piacerti. Sarò il sussurro che udrai per ricordarti di ascoltare te stesso. Ti racconterò qualche mia storia per aiutarti a ricordare che le tue storie sono solo... storie. Ci saranno momenti in cui rideremo insieme e altri in cui piangeremo insieme.

Dalla prima all'ultima pagina che leggerai (e che potrebbe non essere l'ultima pagina del libro) sarò con te a ogni passo del cammino. Giorno e notte, nelle ore di veglia e nei tuoi sogni. Il mio compito è di riportarti sempre a te stesso, specialmente quando ti perdi nei meandri della mente, o in altri regni. Sarò sempre lì a ricordarti che tutto è semplice e che tutto è già dentro di te. Non c'è nulla di misterioso, a meno che tu non voglia che ci sia.

Quando avrai finito di leggere questo libro, per favore, passalo a qualcun altro. Se non conosci nessuno che possa trarre beneficio da questa esperienza, lascialo su una panchina in un parco, in treno, in una toilette. Tu non ne hai più bisogno e io non voglio che tu ci ritorni sopra a studiare qualcosa. Quando lascerai questo libro, il libro stesso troverà il modo di arrivare alla persona giusta, al momento giusto. Questo è il modo con cui l'energia lavora nel meraviglioso mondo dello Spirito.

Se vuoi, ora starò insieme a te così potremo incominciare l'esperienza. Lavoreremo su molti livelli simultaneamente. A un livello, tu leggerai le parole che ho detto nelle conferenze davanti al pubblico in varie parti del mondo. Tu conosci già la saggezza di quelle parole, ma forse ti piacerà il mio modo di comunicare con il pubblico.

A un altro livello ti troverai davanti a qualche aspetto che ti appartiene, che sia di una vita passata o di quella attuale; incontrerai il *Corpo di Coscienza*[1]; avrai l'opportunità di confrontarti con la luce e l'oscurità; arriverai a capire alcuni dei giochi che fai; farai l'esperienza del tuo *Makyo* e del tuo *Ahmyo*; e, finalmente, io avrò l'onore di condividere con te una cosa che probabilmente non conoscevi.

---

1. Vedi Glossario.

GARANZIA

Sto per darti una garanzia di felicità e realizzazione. Se avrai fiducia in te stesso, avrai quella cosa che ti ha eluso per tanto tempo – felicità, pace profonda, pienezza, padronanza e al tempo stesso godimento della realtà fisica della Terra. Se hai incondizionata fiducia in te stesso, io ti posso garantire che avrai tutte queste cose.

"Ma potrò vedere l'aura?". "Sarò capace di trasformare le pietre in oro?" Questi sono solo giochi da ragazzi.

Se sarai capace di guarire istantaneamente gli altri? Diavolo, no! Lascia che gli altri abbiano le loro sofferenze finché non saranno veramente pronti a lasciarle andare. C'è in questo più verità di quanto tu possa immaginare. Sai, è un fatto di tale egoismo. Ho osservato alcuni di voi che cercano di fare queste guarigioni istantanee sugli altri. Vergognatevi! E intendo dire proprio questo, perché lo state facendo per voi. Vi ho visti. Lo fate perché volete provare che siete come Gesù.

Incominceremo prendendo un approccio completamente diverso. Ti metterò in crisi su certe cose. Mi metterò a buttar via un mucchio di vecchi sistemi di credenza. Vedo che alcuni di voi si aggrappano con forza a certi concetti. "Ma come posso lasciar andare quelle cose?" Beh, prima o poi lo farai, magari scalciando e gridando o, magari, in totale abbandono.

Questa è la nuova energia. Non funziona come la vecchia. Parte del tuo senso legato al sentire intuitivo si sta aprendo proprio ora. Stai percependo un'energia che è diversa, difficile da definire. Una parte di te la manda via, una parte ne è incuriosita. Questa è nuova energia – poca, poca – sta arrivando proprio ora. Incominceremo a lavorare con essa.

Non so per quanti mesi, anni o decenni staremo insieme, ma io lavorerò con te a ogni passo del cammino. Ti prometto che troverai la felicità, l'appagamento, comunque tu lo voglia chiamare, e proprio prima di trovarlo imprecherai contro di me. E proprio prima di trovarlo ti sembrerà di essere nel caos totale, in confusione totale.

Sono in grado di dirti questa cosa perché so chi sei. Non solo abbiamo condiviso esperienze del passato, ma io so anche che sei profondamente impegnato nel tuo percorso spirituale. Sei determinato, anche se senti di essere caduto lungo la via. Ho sentito le tue preghiere, ti ho sentito implorare. È per questo che sono qui.

Non ci metteremo a fare troppo gli esoterici. Ci sei già passato, l'hai già fatto e ti ha solo mandato in confusione. Non mi metterò a filosofeggiare con te. Ci saranno giorni in cui staremo insieme e ti sembrerà che non sia successo niente, solo per poi accorgerti che, invece, è accaduto qualcosa di portentoso. Questo è il modo in cui lavora la nuova energia. Ci saranno delle volte in cui penserai che non stai facendo progressi, poi, all'improvviso ti accorgerai che il progresso era solo un'illusione e che stai andando proprio bene.

Sarò con te ogni momento di ogni giorno e di ogni notte e a ogni passo del tuo cammino. È una promessa. Ci sarò sempre.

VIVERE NELL'ILLUSIONE

Ho vissuto moltissime vite sulla Terra. Ero con molti di voi negli ultimi giorni di Atlantide, nei *Templi di Tien*[2]. Mi sono dato l'esperienza di rimaner intrappolato in un cristallo energetico per più di 100.000 anni. Il cristallo era reale, ma è anche una

2. Vedi Glossario.

metafora della prigione dei miei sistemi di credenza. Quando mi sono liberato da quella prigione, ho promesso a me stesso di vivere sempre libero e in sincerità. Ho promesso a me stesso di poter rinascere sulla Terra in un corpo fisico assumendo il ruolo che mi pareva senza farmi intrappolare mai più.

In una mia vita ho vissuto in Israele ai tempi di Yeshua (Gesù). Ero un rabbino ribelle. Non è stata una coincidenza che in quella vita abbia conosciuto Gesù e lavorato con lui e, occasionalmente, con Maria Maddalena. Per lavorare con Yeshua ho lasciato il mio incarico di rabbino, suscitando rabbia e preoccupazione negli altri rabbini. Yeshua era un guaritore. Era un trasformatore di energia, un vero alchimista. Io ho imparato da lui e lui da me. La mia storia non è stata scritta nella Bibbia, ma forse va bene così perché, in questo modo, non sono intrappolato lì dentro come lo è stato Tobias e come lo è Yeshua.

Ho vissuto molte altre vite, compresa quella che conosci meglio, quando ero Saint-Germain – il Conte di Saint-Germain. In una vita sono stato quello che tu conosci come Mark Twain, o Samuel Clemens. Ho vissuto molte altre volte, prima, durante e dopo Atlantide. Sono come te, con una sola eccezione: sono libero. Mi sono liberato dalle limitazioni della realtà umana, o per meglio dire, dell'illusione umana.

La differenza tra te e me non è altro che una sottile linea, un'illusione. Tu sei da una parte dell'illusione, io sono dall'altra. Per tutto il resto siamo uguali. Abbiamo cominciato come angeli. Abbiamo lottato e giocato, molto prima che la Terra esistesse. Siamo scesi sulla Terra. Abbiamo fatto l'esperienza di cosa fosse incarnarsi in un corpo umano e avere numerose incarnazioni. Lungo la strada, abbiamo sperimentato aspetti diversi di noi stessi, creando una quantità di vite, personalità e identità diverse.

La differenza – l'unica differenza – tra te e me è la linea illusoria. Dico illusoria perché a un certo punto io ho realizzato che era tutto un gioco, era tutto un'illusione. Io non ero Saint-Germain. Non ero un rabbino ebreo. Non ero Samuel Clemens. Io ero tutto ciò che sono. Quelli erano semplicemente dei ruoli che avevo recitato, proprio come un attore interpreta personaggi diversi in teatro. La differenza tra me e te è che tu prendi troppo seriamente il ruolo che stai interpretando ora.

Tu pensi che tu – questa identità umana – sia l'inizio e la fine; io penso che tu non sia altro che un ruolo transitorio. Ti amo, ti onoro e ti rispetto, ma la tua identità umana non è niente. Se ne andrà. Il ruolo che tu stai recitando, fingendo di essere un certo umano, che vive in un certo luogo e che fa un certo lavoro, se ne andrà. Quello che rimarrà è la dolcezza dell'esperienza. Un'esperienza che, naturalmente, è parte della tua anima, parte della totalità di ciò che sei, parte dell'essenza del tuo "Io Sono", ma non sei tu.

Tu fingi di avere dolori, bisogni ed esigenze. Fingi di non avere abbastanza denaro, amore, sostegno e opportunità. Fingi di non conoscere la Via e, per me, questa è la cosa più triste. Fingi di non sapere le risposte. Ma lo Standard – il modello che io sono e tu puoi diventare – sa che è solo un gioco.

Puoi rimanerci male e pensare che io non prenda abbastanza sul serio la tua povera vita, che non mi dispiaccia per te. Finiamola con questo gioco. Succhia energia. Anzi ancora peggio; è un modo per farti rimanere intrappolato in questa realtà. Non vedi che attorno a te ci sono tante altre realtà? Tu sei concentrato su questa dimensione, ma tutt'intorno a te ci sono dimensioni e realtà e probabilità che fai finta di non scorgere.

Poi ti metti a invocare Dio o gli angeli: "Mostrami la Via." Io dico che la Via è già con te. È già qui. Quando vuoi vedere la Via? Quando vuoi sentire la Via? Quando vuoi vivere la Via?

Tu dici: "Ma, ma, ma, Adamus!" Nel momento in cui dici "ma" e incominci a fare compromessi, io vado via. Ti metti tutti questi "ma" in testa e questo ti blocca e ti trattiene. Ho cose migliori da fare. E anche tu, a dire il vero. Anche tu. I tuoi compromessi, i tuoi "ma" sono esitazioni nel tempo e nella consapevolezza. Mi dici: "Ma, ma la mia famiglia?" La tua famiglia? Non starebbe meglio se tu fossi un vero Standard e non un umano che vive nel compromesso?

"Ma, ma," dici, "e il mio lavoro?" Il tuo lavoro, comunque, non ti piace. Te ne lamenti sempre. Dici: "Ma come faccio con i soldi?" Con questo atteggiamento puoi anche andare in rovina e far la fame. Puoi anche morire, così vieni dall'altra parte e ci facciamo una bella, lunga chiacchierata.

L'abbondanza è dappertutto. È nell'aria attorno a te. È nell'energia attorno a te. Immagina di essere in una bolla trasparente. Nella bolla c'è tutto quello di cui hai bisogno per il tuo sostentamento come umano e in grande abbondanza. Ci si sta bene, ma tu non vuoi guardarla. È come se un cieco camminasse in un grande negozio di alimentari e dicesse: "Ma il cibo, dov'è?" Se allunghi la mano, se apri gli occhi, vedrai che è dappertutto.

Non è detto che l'abbondanza arrivi nei modi convenzionali come una busta paga. Non ti deve per forza arrivare perché qualcun altro te la dà. Semplicemente la realizzi da solo. Che cosa intendo con "realizzi"? Voglio dire che tu realizzi che è già lì, distante una mezza dimensione, un mezzo respiro. È lì. È pronta a venire da te e a servirti. Questo universo è pieno di energia. È dappertutto.

L'energia esiste in uno stato neutro finché non viene attivata. Quando verrà attivata da un tuo comando, si realizzerà. Ricorda: "Il Maestro permette che l'energia lo serva." Tu sei un Maestro. Tu permetti all'energia di servire te. Che l'energia venga da un'altra persona o che sia in un deposito neutro nell'etere, essa vuole servirti. Ma prima vuole sapere una cosa – che tu riconosca di essere un Creatore e uno Standard.

Molti umani si riconoscono inferiori. Dicono che si sono persi e che non sanno cosa diavolo stanno facendo. Gli umani si riconoscono deboli, monchi, distorti e meno che intelligenti. Lo sai cosa succede? L'energia li servirà con precisione, puntualità e in modo letterale. Se una mattina ti alzi dicendo: "Ecco, un'altra giornataccia. Dovrò bisticciare con tutti, sarò teso e stressato, sono grasso e riesco a malapena a pagare le bollette," istantaneamente, in quel preciso istante, tutte le energie si metteranno in fila e ti serviranno per tutto il giorno.

Ecco perché io dico: "Questa giornata è mia e questa notte è mia." Questo è il mio campo da gioco, il giorno e la notte risponderanno a me. Possono fare lo stesso con te. La cosa divertente è che lo stanno già facendo, ma tu non te ne rendi conto. Tutte le energie ti stanno già servendo. Stanno servendo la tua illusione di limitazione. Le energie stanno servendo la tua illusione di compromesso – pensi che devi fare dei compromessi per far felici gli altri, devi fare compromessi perché hai paura di fare passi decisi e coraggiosi.

Così, in un certo senso, devo farti un applauso perché sei un Maestro. In tanti state già facendo questo lavoro. Succede ogni giorno, in ogni momento. Invece di dire "Io Sono" tantissimi umani dicono "io non sono". E così l'energia arriva per servire il "non", giorno e notte.

Tuttavia, capisco benissimo che cosa stai passando. Dopo tutto io sono rimasto intrappolato nel mio cristallo per più di 100.000 anni. Tu sei più in gamba di me perché non rimarrai incastrato per così tanti anni. Forse solo per qualche dozzina di vite!

IL GIOCO

Tu chiedi: "Adamus, perché tutto è così difficile? Perché non funziona? Perché faccio una vita di merda? Perché non posso __________?" – riempi tu lo spazio.

La risposta è che sei tu che hai scelto questo gioco. Nessun'altro l'ha scelto per te. Dev'esserci qualcosa che ami in questo gioco, altrimenti non lo giocheresti. Punto. Qualcuno mi ha chiesto: "Adamus, perché sono in questo brutto rapporto di coppia?" Ci sei perché sei una vittima e in questo c'è qualcosa che ami. "Adamus, perché ho una salute fragile?" La tua salute non è in equilibrio perché non lasci che il corpo si guarisca da solo. "Adamus, perché sono depresso?" Sei depresso perché non sei veramente sicuro di voler vivere.

Stai giocando un gioco e puoi smettere quando vuoi. Ti ci sei messo tu nel gioco e quindi ti ci puoi togliere.

Mi chiedi: "Adamus, ma non ho soldi. Cosa farò?"

Non lo so! E non ha nemmeno importanza. Forse ti godrai di nuovo la vita. Forse la tua malattia comincerà ad andarsene. Forse vedrai di nuovo i colori della vita, la vita ad alta definizione. Forse confronterai te stesso. Questa è la cosa più dura, ma è anche la più bella.

Oh, hai così tanti demoni e draghi! È energia bloccata che vuole disperatamente sbloccarsi. È solo un gioco che si è fatto vecchio e trito. Puoi saltar giù dalla giostra quando vuoi!

Ma se lo fai, la tua vita cambierà. Sei pronto? Poche persone lo sono davvero, perché è il gioco che definisce la loro vita. Senza questi giochi la maggior parte delle persone non sentirebbe di star veramente "vivendo". Ecco dove le persone si sbagliano. I giochi, i problemi, le crisi sono ciò che impedisce loro di essere consci e consapevoli.

Se tutta la tua vita è difficile, o se lo è anche solo in parte, vuol dire che c'è in questo qualcosa che ami. Altrimenti la tua vita non sarebbe così. Riesci ad accorgerti di come ti sta servendo, e poi lasciarlo andare?

Continua a leggere e lasciati vivere l'esperienza. Qualunque cosa succeda da questo momento in poi, ricorda sempre:

Tutto è bene in tutta la creazione.

Capitolo Uno

DENTRO IL TUO RISVEGLIO

CAMBIAMENTI DEL DNA

Il vostro DNA (acido desossiribonucleico) sta cambiando perché sta cambiando la vostra consapevolezza, e la prima cosa che cambia nel DNA è il karma ancestrale, il vostro lignaggio. Generalmente ci si incarna nello stesso lignaggio vita dopo vita dopo vita. Probabilmente voi avevate già conosciuto prima i vostri figli, i vostri genitori e il vostro partner, perché proprio prima che foste pronti per una nuova incarnazione, la forte attrazione karmica di quel lignaggio vi ha tirato dentro. Anche se avete detto: "Non voglio mai più ritornare in *quella* famiglia," vi tira dentro.

Il lignaggio è intessuto nel vostro DNA. Ecco perché, tendenzialmente, assomigliate, agite e perfino pensate come gli altri membri della vostra famiglia.

Ma ora la struttura del vostro DNA si sta purificando, si sta ripulendo e sta ritornando a uno stato di energia naturale e pura. Questa è una buona notizia. Vi libera dal karma famigliare. Vi libera dai debiti e dalle obbligazioni dei vostri avi. Vi libera perfino dalle predisposizioni biologiche. Per esempio, se il cancro, o il diabete, fa parte della genetica della vostra famiglia, ora evapora via, così che possiate ricostruirvi secondo l'immagine che *voi* desiderate, senza essere più intrappolati nel vecchio lignaggio di famiglia.

Via via che il codice del vostro DNA si purifica, scoprirete che anche le vostre sembianze stanno mutando. Forse cambierà il colore degli occhi o cambieranno i tratti del viso. I cambiamenti saranno impercettibili, ma un giorno vi guarderete allo specchio o vedrete una vostra fotografia e vi renderete conto di quanto siete cambiati.

Può cambiare la postura del corpo. Oppure la struttura muscolare. Cambierà drasticamente anche il vostro modo di rapportarvi energeticamente con la vostra famiglia. Una parte di voi non sentirà più un legame profondo. Potreste svegliarvi una mattina e non sentire quasi più quel senso di familiarità con la vostra famiglia.

Questo potrebbe essere scioccante se avete un buon rapporto di profondo amore con loro oppure un rapporto famigliare drammatico. Non sorprendetevi se cambiano i vostri sentimenti e il vostro rapporto con la famiglia e persino con i vostri figli. Se sei una madre, o un padre, penserai che c'è qualcosa che non va in te, perché improvvisamente sentirai che quel figlio non è più veramente tuo.

Sta succedendo anche qualcos'altro di importante. Quando liberate il codice del vostro DNA, cambia anche il codice di quelli che stanno per incarnarsi di nuovo nella vostra famiglia, forse un genitore deceduto, o un nonno che sta progettando di ritornare. Li liberate dalla trappola del vecchio karma ancestrale. Quindi, vedete, state liberando voi stessi, state muovendo la vostra energia, ma state anche cambiando il potenziale del futuro di altri. Sorprendente!

CAMBIAMENTI NEI SOGNI

Poi vengono i sogni. Probabilmente non c'è nemmeno bisogno che lo dica, ma recentemente i vostri sogni sono cambiati. Sono diventati più intensi, a volte spaventosi, molto vividi e per un po' di tempo continueranno a essere così.

Voi credete di addormentarvi, sognare e poi, quando vi svegliate, smettere di sognare. Non è per niente così. I sogni vi arrivano sempre. Anche in questo momento. Voi siete qui, ma i sogni vi arrivano su altri piani. E non si tratta di un sogno solo; sono strati di sogni. Generalmente vi precludete questa realtà onirica finché non andate a dormire. Quando dormite, atterrate su un solo strato onirico, anche se molti strati sono attivi contemporaneamente.

Cambiano i vostri sogni, ma in realtà siete *voi* che state cambiando, perché ora, quando andate a dormire, bussate a molti strati onirici diversi contemporaneamente. Tutto ciò vi può sembrare confuso perché la vostra mente non si è ancora strutturata per pensare in modo multidimensionale o, più precisamente, per dare un'interpretazione multidimensionale. Voi sognate su molteplici piani e sempre di più ve ne accorgerete nello stato di veglia.

La buona notizia è che questo vi permette di sperimentare e di creare potenziali in molti regni contemporaneamente. Il problema è che i sogni, per i primi tempi, vi appariranno in modo molto confuso. Al mattino vi sveglierete e non vorrete nemmeno ricordarli. Potrebbe perfino essere che vi riposiate di più stando svegli che dormendo.

Incomincerete anche a sperimentare molteplici realtà nella vita quotidiana. Sarete in grado di entrare in contatto con tutti gli altri piani di realtà nello stato di veglia cosciente. Proprio adesso, una parte di voi sta sperimentando la Nuova Terra. Potete incominciare a portare subito qui quella consapevolezza, perché quello che imparate nella Nuova Terra vi può essere di aiuto in questa vecchia Terra.

Proprio adesso, in uno dei vostri strati di sogno, state elaborando un nodo emozionale che vi ha accompagnato per gran parte della vostra vita. Proprio ora, su un altro piano onirico, state scandagliando i potenziali del vostro futuro. Cosa c'è lì? Che cosa potete divertirvi a creare per il vostro domani, per il prossimo anno? Proprio ora, in uno di quegli strati di sogno state facendo l'esperienza di una vita passata in cui c'era un nodo irrisolto, un'energia bloccata, e state cercando di lasciarla andare. Se siete consapevoli dei vostri strati di sogno mentre siete svegli, la vita diventa molto più piena. Vi renderete conto che la vostra parte umana è solo uno degli aspetti e scoprirete modi totalmente nuovi di risolvere i problemi e di muovere l'energia.

I vostri sogni non sono delle fantasie. Non sono un bluff. Sono importanti tanto quanto il momento dell'Adesso perché fanno parte del momento dell'Adesso. I sogni non sono vagabondaggi della mente.

I sogni sono i messaggi della vostra parte divina e di quelle parti di voi che esistono in altri regni. Se li ignorate dormirete male perché i sogni stanno cercando di parlarvi. Tenete un quaderno vicino al letto e datevi il permesso di ricordarli e trascriverli. Via via che li annoterete vi accorgerete che sono parti di voi molto importanti. Imparerete a comprendere il linguaggio dei vostri sogni.

Sto parlando a chi sta attraversando la fase dell'integrazione con il divino. Non sto parlando alle persone normali. I vostri sogni sono diversi dai loro. A voi arrivano in un linguaggio molto semplice. Non usate uno dei soliti libri sull'interpretazione dei sogni. Se ne avete uno, se lo avete già studiato, lasciatelo andare, perché i simboli sono diversi.

Il linguaggio dei sogni sta cambiando. I vostri sogni sono più letterali di quanto non lo fossero prima. Molto di quello che sognate sta effettivamente accadendo in altri regni. Essi sono anche collegati al vostro apprendimento sulla Nuova Terra.

CAMBIAMENTI DELL'INTELLIGENZA

Tutto il vostro processo mentale è in fase di trasformazione. Siete abituati a risolvere i problemi con la mente, col pensiero logico, analitico. Questo cambierà. La vostra logica si sta ristrutturando, così da permettere un nuovo modo di "pensare". State riorganizzando e riordinando la vostra logica e il vostro razionale. A un certo punto, proverete una grande frustrazione perché non penserete più come eravate soliti pensare. Vi chiederete come mai non riuscite più a focalizzarvi né a concentrarvi. Penserete: "Sarà perché sto invecchiando. Dovrei prendere degli integratori per riuscire a pensare più lucidamente." Arriverete a pensare che siete stupidi.

No, non lo siete.

La vostra mente sarà sempre coinvolta, ma ora state aprendo altre parti di voi molto importanti, come ad esempio quella cosa che chiamiamo *gnost*[3]. È la vostra intuizione, il vostro sapere consapevole. Inoltre, vi state ri-connettendo con la vostra divina intelligenza. Quella connessione è sempre stata lì, ma voi non ne avete mai fatto un uso pratico, qui sulla Terra.

Questo vuol dire che il modo in cui analizzate la realtà e il modo in cui risolvete i problemi sta per cambiare drasticamente. All'inizio vi sembrerà strano, forse vi sentirete disorientati o persino che state diventando matti. Ma non è così. State riorganizzando e riordinando il processo di combinare

---

3. Vedi Glossario.

la consapevolezza e l'energia con il vostro Corpo di Coscienza, nell'esperienza della vita in Terra. È una parola grossa, ma vuol solo dire che dovete aspettarvi nella vostra vita una forma di intelligenza totalmente nuova.

L'intelligenza vera va oltre la nozione che "due più due fa quattro". L'intelligenza vera è capire che due più due fa *qualunque cosa*. Dipende dal vostro punto di vista, dalle vostre credenze e dalle vostre scelte. La logica vi dice che due più due *deve* fare quattro, ma l'intelligenza della nuova energia vi permetterà di afferrare il concetto che due più due fa qualunque cosa vogliate.

ESTREMI

A causa della nuova energia che entra nella vostra vita, farete l'esperienza degli estremi del pendolo della vecchia energia, che oscilla da un estremo all'altro. Quando la vecchia energia e la nuova si uniranno la manifestazione diventerà totale e non sarà più quella degli estremi.

A un estremo vi sentirete scoppiare di energia creativa. Avrete l'urgenza di creare della musica, di scrivere un libro o di dipingere un quadro. Questa urgenza creativa sarà irresistibile e vi capiterà nei luoghi più impensati – nel bel mezzo di una riunione, al ristorante o a un funerale.

All'altro estremo ci saranno volte in cui vi sentirete assolutamente privi di ispirazione. Vi sentirete vuoti, spenti e allora direte: "Adamus, un attimo mi sento profondamente creativo e un attimo dopo mi sento spento." E io vi dirò: "Sì, è proprio così."

Questi estremi sono giusti e importanti. Alla fine, gli estremi si fonderanno insieme, ma non entreranno in uno stato neutro. Tornano a una piena espansione e a una piena manifestazione. Tutto questo, adesso, può non avere un senso, così vi invitiamo a vivere con il sentire.

Ci saranno volte in cui sarete iperattivi con altre persone, pieni di attività e programmi. Ci saranno volte in cui andrete a letto pensando che siete così affaccendati da non sapere come fare. E all'altro estremo, ci saranno volte in cui sentirete il bisogno di una pausa, di fermarvi, di non far niente. Sentirete l'improvvisa urgenza di liberarvi di tutto per stare solo con voi stessi. Questo è giusto, perché avete bisogno che ogni vostra parte faccia quella pausa per riprendersi dopo tutta quella febbrile attività.

Quando passate queste fasi di rapidi cambiamenti, ci saranno volte in cui dovrete proprio fermarvi. I vostri figli, il partner, la famiglia biologica, tutti quelli che vi sono intorno vorranno ancora avere qualche pezzo di voi, ma è tempo di essere forti. Dovete ascoltarvi e donarvi una pausa, un po' di tempo prezioso tutto per voi.

È molto importante. Non sottraetevi. Se vuol dire che, per starvene da soli, dovete darvi ammalati al lavoro, fatelo. Se vuol dire dover fare un lungo giro in auto da soli, partite.

Ci saranno volte in cui vi sentirete molto connessi con lo Spirito; intimamente, profondamente connessi con la percezione dello Spirito. Sarà simile a percepire che vi state innamorando di voi stessi, ma con un'espansione che non comprende solo voi. La percezione di tale intensa connessione vi farà venire le lacrime agli occhi.

Poi, ci saranno altre volte in cui non proverete alcuna connessione. "Dove è Dio?" Vi sentirete come se non ci fosse niente né dentro né fuori. Dubiterete di aver veramente avuto quell'esperienza speciale di consapevolezza dello Spirito.

Avrete momenti di profonda connessione con lo Spirito e altri momenti in cui vi sentirete profondamente soli. Questo è corretto. Non negate questi sentimenti; semplicemente comprendete che è un estremo dell'esperienza della nuova energia.

La vostra vita è sul punto di cambiare. L'energia si metterà in moto e poi sembrerà che si blocchi. Poi si muoverà ancora e poi sembrerà di nuovo che si blocchi. Tutto questo fa parte del processo naturale del risveglio e dell'entrare nella nuova energia.

SOLITUDINE

Scoprirete che, durante il risveglio, è molto importante avere del tempo solo per voi. In passato, molti di voi avevano bisogno di stare con altre persone per sentirsi tranquilli e al sicuro. Alcuni di voi trovavano difficile stare da soli oppure confondevano la solitudine con lo stare da soli. Ora *avrete bisogno* di stare da soli.

Permettetevi di trovarne il tempo. È molto importante perché è allora che portate l'energia divina nella vostra vita. Se c'è tanto trambusto intorno a voi – rumori della città, della gente, del traffico, dell'ufficio – è più difficile far entrare il divino. Fate in modo di darvi tutto questo. È un dono bellissimo. Lo percepirete da dentro. In un sussurro direte "È ora che io stia da solo." Non permettete che i problemi di famiglia, il lavoro e i doveri vi impediscano di prendervi questo spazio. Non trovate scuse. Quando sentite quella voce da dentro, prendetene atto e agite di conseguenza.

C'è una fisica spirituale che lavora dentro di voi su piani profondi e bellissimi. È importante che li ascoltiate e che smettiate di ignorarli. Avete quelle percezioni, ma la mente le sopprime oppure non avete fiducia in voi o temporeggiate. Dite che lo farete dopo, invece dovete farlo subito. Ascoltate con il cuore. È un processo di trasformazione eccezionale e bellissimo.

COMUNICAZIONE CORPO/MENTE

Il vostro corpo sta subendo un cambiamento fondamentale nella struttura del DNA. Sta cambiando il modo in cui il corpo e la mente sono connessi, sta cambiando il sistema di comunicazione tra la mente e la vostra biologia.

Il vecchio sistema di comunicazione biologico funziona dai tempi di Atlantide. Mente e corpo comunicavano in un modo del tutto specifico. Ora la mente non cerca più di controllare il corpo. Il corpo e la mente si stanno mescolando insieme. Cioè, non avete un corpo fisico, una mente separata e uno spirito separato; essi stanno cominciando a mescolarsi insieme nel Corpo di Coscienza.

Noterete che il corpo incomincia ad agire in modo diverso; diverso da come siete abituati. Ci saranno effetti collaterali, ad esempio problemi allo stomaco, dolori e disturbi, un senso di debolezza fisica, stanchezza e tante altre cose. Prendetevi del tempo per ascoltare il vostro corpo. Che cosa vi è successo ultimamente?

Poi, molti avranno avuto un altro problema: sono aumentati di peso. Dicono: "Mangio meno che mai, eppure ingrasso." Allora, incominciano una dieta folle, ma continuano a ingrassare e dicono: "Ma cosa succede? Io dovrei essere spirituale. Dovrei avere il controllo sul mio corpo."

Sbagliato. Tutto sbagliato, perché state usando ancora il sistema della vecchia energia del controllo mentale. Credete che venga dallo spirito. Non è vero. State ancora cercando di usare la mente per controllare la vostra vita, piuttosto che essere in uno stato di grazia dove il corpo, la mente e lo spirito lavorano insieme in modo naturale e senza soluzione di continuità.

Se ascoltate il corpo, invece di preoccuparvi del corpo, incomincerete a essere più rilassati. Incomincerete a capire la nuova fusione che sta avvenendo. Saprete esattamente di cosa il vostro corpo ha bisogno.

La mente ha operato nello stesso modo basilare per centinaia di migliaia di anni. Quando pensate, certi schemi di equilibri energetici, neurologici e di trasmissione elettrica avvengono in una sequenza molto specifica. Avete dei pensieri e anche dei sentimenti mentali. I sentimenti mentali – chiamateli pure emozioni – hanno poco a che vedere con i *veri* sentimenti. Le emozioni sono create dalla mente; quindi, le vostre emozioni sono limitate e addirittura artificiali. Non sono i veri sentimenti e la vera consapevolezza della vostra essenza divina.

State incominciando a sentirvi mentalmente non in equilibrio. Alcuni di voi pensano che stanno perdendo la capacità di analizzare, di focalizzare e di pensare razionalmente. Se siete preoccupati, il corpo ne risente e improvvisamente vi pare di essere nel pieno di un esaurimento nervoso. "Cosa succede?" vi chiedete. State attraversando un processo naturale – la mente e il corpo stanno incominciando a unirsi, il divino incomincia a entrare – ed è una cosa bellissima.

LA CHIAMATA

Avete sentito una chiamata, ultimamente? O forse era come un persistente bussare alla porta? Non viene dall'alto dei cieli né dall'Arcangelo Gabriele. Viene da dentro di voi.

La chiamata viene dal vostro Corpo di Coscienza, da corpo/mente/spirito integrati.

Il Corpo di Coscienza comprende anche tutto il vostro potenziale di consapevolezza, non solo la consapevolezza umana, limitata. Sta cercando di attirare la vostra attenzione, ma voi, invece, cercate di zittirla, come quando chiudete la finestra se fuori c'è un cane che abbaia. Pensate: "Cos'è quel rumore? È talmente irritante!" A chiamarvi è il Vostro Sé – sta chiamando voi.

La chiamata è per ognuno di voi, è per te; affinché *tu* possa ritornare a casa, da te, qui e ora. È la chiamata a integrarsi e non ha altro scopo se non quello di riunirsi a ognuno di voi. Non vuole altro che stare con voi, condividere le esperienze di vita, portare un livello di passione che era stato precluso per tanto tempo.

Il Corpo di Coscienza è stato frammentato in parti che ora vogliono ricongiungersi. Lo fa tramite voi in questo momento dell'Adesso, in questa non-incarnazione in cui ognuno di voi adesso esiste in questa identità che non è di ieri, ma è l'Io Sono di oggi. Il Corpo di Coscienza vuole ritornare.

Attraverso la vostra consapevolezza riuscirete a capire e a sentire la chiamata. Ha cercato di chiamarvi in sogno. Ha cercato di chiamarvi con voce assillante, con i doloretti, i disagi fisici e con i malesseri emotivi. Ha cercato di attirare la vostra attenzione. Ascoltatela. Viene da dentro.

Non vi parlerà necessariamente usando delle parole né vi dirà cosa fare. Questo "Te stesso" interiore non vuole dirvi cosa fare, vuole solo stare con voi. Non vuole dirvi: "Devi fare questo lavoro o essere quella persona," perché sarebbe assolutamente una contraddizione nei confronti di ciò che è coscienza e consapevolezza e di ciò che voi siete.

Cari amici, per favore, rendetevi conto che il mondo è un posto grandioso. Avete passato tempi molto difficili, ma è un posto grandioso. Quando guarderete negli occhi gli altri esseri umani – senza più combattere contro i mulini a vento, senza più pensare che dovete proteggere o difendere qualcosa, ma, quando ne siete capaci, guardandoli sinceramente dritto negli occhi – vi accorgerete di quanto questo pianeta sia un posto prezioso. Vi accorgerete, anche, che quello che sembra un caos, non lo è per niente. Tutto è bene in tutta la creazione.

FORME D'ONDA DI CONSAPEVOLEZZA

Il vostro spirito è in viaggio e ha un po' di desideri tutti suoi. Il vostro spirito vuole conoscere sé stesso per rispondere all'annosa domanda: "Chi sono io?" Vuole conoscere sé stesso e lo fa in tre modi: esperienza, espansione ed espressione.

La vostra anima desidera l'*esperienza*. Non può conoscere sé stessa senza esperienza, così si elargisce una vasta gamma di esperienze. E vuole continuare a *espandersi*. Lo Spirito gioisce quando l'anima si espande. Tornare indietro non funziona. Rimanere neutri porterà, prima o poi, a un'esplosione – boom! – quindi, lei/te vuole espandersi. Vuole anche *esprimere* quella gioia, perché conoscere interiormente la gioia e poi non esprimerla lascia insoddisfatti. L'anima vuole esprimersi – attraverso il canto, attraverso la musica, la letteratura, attraverso il lavoro, attraverso una brutta relazione, attraverso un problema di salute. Sono tutte forme di espressione e questo è quanto lo Spirito ama fare.

C'è un'altra vostra parte che conoscete molto bene. È il vostro aspetto umano. In questo momento, questa parte umana impegna considerevolmente la vostra consapevolezza, ma essa è una parte integrante del canto della vostra anima – esperienza-espansione-espressione. Ha una vasta gamma di danze e desideri. Ha in agenda tanti programmi, ma generalmente non si accorge dello Spirito e crede di agire per conto proprio. Allora si mette sulla difensiva, si isola e si focalizza sulla sopravvivenza.

La sopravvivenza è la vecchia programmazione lemuriana. Va' sulla Terra e incarnati nella biologia – perché allora si possono fare delle esperienze – ma poi ci si rimane intrappolati. E così si impara a sopravvivere. È la vecchia programmazione. Spero che voi siate in grado di lasciar andare la programmazione della sopravvivenza perché è veramente dolorosa e limitante. Non avete bisogno di sopravvivere; avete bisogno di vivere.

Il desiderio del piacere è il risultato della vecchia programmazione di Atlantide. Proviene da un centro del piacere che è stato programmato in ogni persona. Perché? Perché potete far lavorare pesantemente le persone se date loro una piccola ricompensa a fine giornata: basta che abbiano un po' di sesso, un po' di alcool, un piccolo riconoscimento, un po' di potere. Questo è il centro dell'energia del piacere e del conforto dentro di voi.

Mi piacerebbe vedere gli umani lasciar andare la programmazione del piacere e del conforto. Non avete bisogno del biscottino a fine giornata.

Lo zucchero è stato una scoperta meravigliosa, ma nasconde un effetto ipnotico. Non sto dicendo che lo zucchero è un male, ma che lo zucchero innesca qualcosa che fa credere di sentirsi bene. Si dà lo zucchero ai bambini. Perché? Per tenerli buoni. Non fa loro particolarmente bene e li fa entrare in uno stato di eccitazione. Lo zucchero è una droga ipnotica. Sì, potete scriverlo: "Adamus ha detto che lo zucchero è una droga ipnotica."

E così l'umano vuole sopravvivere, provare piacere, sicurezza e anche avere cose come il controllo e il potere. Li ama. Ama costruirsi un'identità.

Il vostro aspetto umano si isola e poi cerca di creare e proteggere la propria identità, mentre il vostro spirito cerca l'esperienza, vuole espandersi ed esprimersi. Siccome l'umano cerca di proteggere la propria identità, non permette, in effetti, una vera espansione o espressione di sé stesso, vuole ridurre e limitare l'identità e quindi rifiuta molte cose che minacciano l'identità stessa, anche se i cambiamenti porterebbero a un miglioramento del Sé.

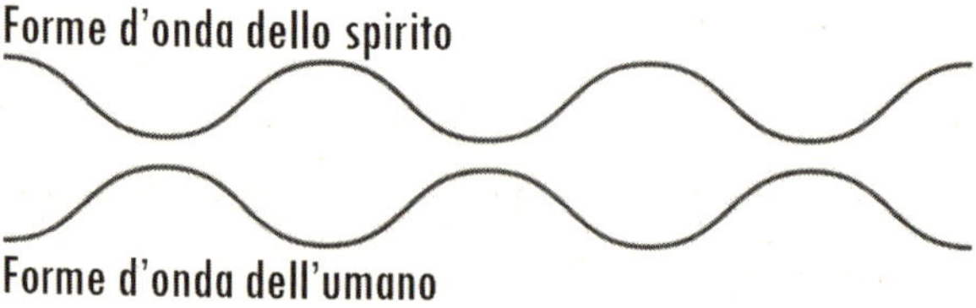

Il vostro spirito fa una danza, l'umano fa le sue cose e, a volte, i due si separano naturalmente. Quando questo accade, si crea un'esperienza bella perché, allora, l'umano può andare a fondo nella scoperta di sé. Lo spirito si può espandere ancor di più.

Prima o poi, questa separazione agisce quasi come un magnete che li fa riavvicinare anche più di prima. Poi si separano di nuovo e l'umano si immerge più profondamente nell'esperienza e lo spirito esulta maggiormente nella celebrazione. È un continuo andare e venire, una bellissima danza dell'anima – insieme e divisi, insieme e divisi.

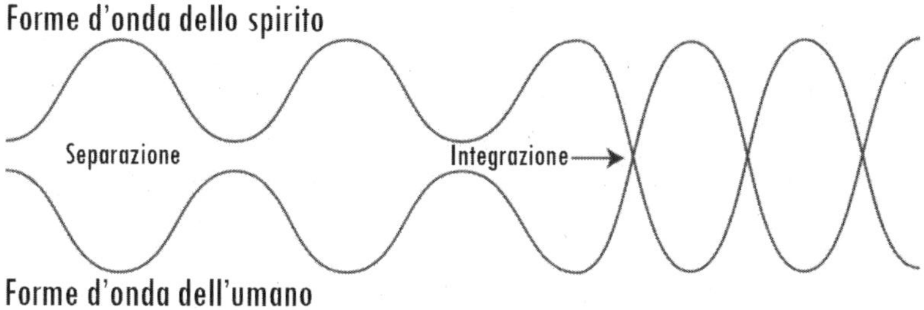

Alla fine, lo spirito e l'umano si riuniscono in un modo profondamente intimo. A un certo punto si toccano e addirittura si incrociano. E allora la danza cambia per sempre. Al posto della separazione vi è un continuo intrecciarsi l'un l'altro. Il punto in cui si intersecano per la prima volta è il punto cruciale. È il "*ground zero* della consapevolezza". In altre parole, avete lasciato andare la vecchia danza, il vecchio passato. Tutto fa ormai parte della storia, della memoria, è una parte di esperienza. Ora loro danzano insieme.

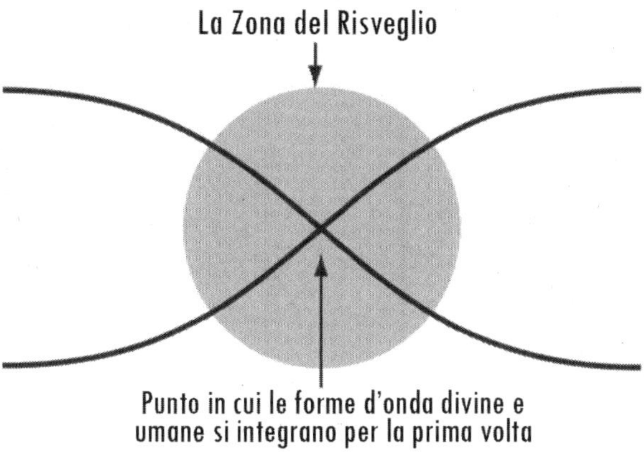

C'è un simbolo che molti di voi conoscono, ma sapete davvero cosa significhi? Il simbolo viene dal tempo di Yeshua. Molti pensano che sia un pesce, a simboleggiare il fatto che Yeshua fosse un Pescatore d'Uomini.

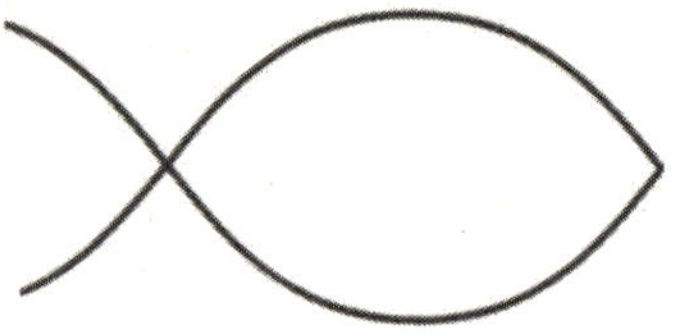

Assolutamente *no*! Questo simbolo rappresenta il punto in cui le forme d'onda dell'umano e quelle dello spirito finalmente si intersecano. Queste due forme d'onda sono sempre state divise, ma durante il risveglio finalmente si ricongiungono. È la danza che continua ancora e ancora e ancora. Non c'entra niente con la pesca. C'entra con l'integrazione. C'entra con il ritornare insieme e qui è mostrato come il punto "X".

Ahhh! E Yeshua lo sapeva. Aveva spiegato la stessa cosa ai suoi discepoli e a coloro che sapevano ascoltarlo e Maria Maddalena era al loro fianco e dava spiegazioni ancora più dettagliate su quello che succedeva durante questo straordinario processo. Lui ha usato questo simbolo di riunione, la danza che, infine, unisce insieme l'umano e lo spirito. E qui è precisamente dove vi trovate. Questo è quello che sta accadendo e dal punto di intersezione in poi le forme d'onda non saranno mai più divise. Diventate un Corpo di Coscienza integrato.

Nel mio *Mental Imbalance Symposium*[4], questo simbolo è parte integrante del dibattito. Una persona mentalmente squilibrata ha forme d'onda irregolari e disfunzionali, invece di avere un'energia regolare ed equilibrata. Quando le forme d'onda umane, che sono influenzate da elementi come gli aspetti e la coscienza di massa, diventano irregolari, erratiche, anche le forme d'onda dello spirito seguono l'andamento e diventano irregolari. Abbastanza presto si allontanano del

4. Simposio sullo squilibrio mentale, un workshop [ndt].

tutto l'una dall'altra. L'umano entra in uno stato di psicosi, di malattia mentale, di esaurimento, di personalità multiple con tutti gli altri sintomi dello squilibrio mentale. È la mente che focalizza tutto, ma il ritmo naturale delle forme d'onda dello spirito e dell'umano ha ceduto.

LIBERO ARBITRIO?

Gli umani hanno il libero arbitrio? E se non ce l'hanno chi tira le fila? Chi ha scelto per voi la vostra famiglia biologica? Come avete acquisito talenti e qualità? È stata l'astrologia? È stato Dio? È stato un gruppo di angeli che vi governano? Sono stati i vostri spiriti guida? Il vostro sé superiore? La vostra anima superiore? È stato semplicemente il fato, il destino? È stata solo la sfortuna? Chi tira le fila?

La risposta è: "Beh, dipende." Dipende a che punto siete con la vostra coscienza.

Il vostro spirito ha la sua canzone. Fluttua lungo il fiume, cavalca le onde dell'esperienza. In un certo senso non gli importa, perché il vostro spirito sta facendo le esperienze che desidera fare. Si espande e si esprime. Anche se esprimersi vuol dire che voi state urlando e gridando, l'anima sta facendo l'esperienza e si sta esprimendo. Un problema di salute è una forma di espressione e il vostro spirito lo permette. Non che al vostro spirito non interessi nulla di voi, ma i suoi bisogni, le sue passioni e i suoi desideri sono diversi dai vostri bisogni, dalle vostre passioni e dai vostri desideri umani.

Il vostro sé umano lotta per sopravvivere e per la sua identità. Voi dite: "Sì, sto creando la mia realtà." Questo, in effetti, non è vero, perché molta della vostra realtà è creata o influenzata dalle forme d'onda del vostro spirito. Cioè, voi non state creando molto della vostra realtà!

Gli esseri umani hanno il libero arbitrio? No, non ce l'hanno. Assolutamente no. Se lo avessero, la loro vita sarebbe completamente diversa. Le persone subiscono l'influenza di cose come il karma, la religione, la spiritualità, l'astrologia, il dubbio, la paura, il senso di colpa, il conformismo e di tutta una gamma di sistemi di credenza datati. Gli umani pensano di avere il libero arbitrio. "Posso scegliere di lasciare il lavoro quando voglio." Beh, il lavoro non lo lasciano, perché hanno paura di non ricevere una busta paga. "Posso scegliere di vivere dove voglio," ma, in realtà, non vivono dove vogliono. Vivono nella città dove sono nati, nella casa accanto a quella di mamma e papà!

Effettivamente gli umani *avevano* il libero arbitrio, ma hanno smesso di usarlo e così ora non ce l'hanno più. Immaginano di averlo, perché possono scegliere che cosa mangiare per pranzo. Hanno l'illusione del libero arbitrio, perché possono scegliere se mettere il maglione blu o la camicia rossa per andare al lavoro. Ma, no, gli umani non hanno il libero arbitrio. Non ce l'hanno veramente. Spero che questo vi faccia arrabbiare almeno un po', perché vi piace pensare di avere il libero arbitrio. Forse ora, potrete apprezzare quello che avete perso.

Avete il volere divino. Tobias lo ha detto anni fa in una canalizzazione che avete dimenticato. Non lo avevate voluto sentire allora. Aveva detto: "C'è il volere divino." Il volere dell'onda spirituale, della danza spirituale governa il volere umano. Molte delle cose che vi sono successe nella vita avvengono per causa sua. Il vostro spirito non vi infligge tutte quelle esperienze negative, ma ci sono cose che, per il vostro spirito, il vostro divino, sono molto più importanti delle pagliacciate umane e dei tentativi disperati di controllare, di provare piacere, di creare un'identità limitata, di sopravvivere.

Non ha importanza! Lo spirito sopravvivrà. Non esiste la morte, Yeshua lo ha testimoniato sulla croce. Non esiste la morte. Non è morto per rimettere i vostri peccati. Santo cielo. È egoistico pensare che Yeshua sia morto per voi. Yeshua è arrivato al punto di dire: "Io intersecherò il mio lato umano con il mio spirito qui in terra. Non mi interessa se vivrò o morirò. Sono stanco di rimanere nella mia prigione di uomo. Sono stanco di non essere con me. Sono stanco che il mio umano e il mio spirito siano separati. Voglio ritornare da me." Boom! Il suo umano e il suo spirito si sono fusi insieme.

Si sono fusi – Cielo e Terra si sono uniti insieme – la forma d'onda del divino e la forma d'onda dell'umano che finalmente si intersecano.

Yeshua è morto sulla croce? No. È diventato vivo sulla croce. Il suo corpo fisico non significava nulla. Lo seppe sul punto dell'"in-crocio". A proposito, centinaia e centinaia di anni più tardi, quel simbolo è stato elaborato come una forma di ipnosi religiosa. "È morto per i vostri peccati," – non credo proprio. Nessuno può morire per i vostri peccati. Il simbolo della croce, originariamente, stava a significare il punto di intersezione, il ricongiungersi dello spirito e dell'umano. Ora, viene usato per simboleggiare la sofferenza, il dolore, la colpa e il controllo.

Cari amici. Yeshua si è risvegliato sulla croce e in quel momento ha rilasciato il corpo fisico. Se n'è andato allegramente con Maria Maddalena. Hanno avuto dei figli, anche se lui non era in un corpo fisico. Bambini bellissimi. Sì, si può fare del sesso anche senza avere il corpo. Verissimo!

LA ZONA DEL RISVEGLIO

Abbiamo parlato della convergenza della forma d'onda umana con quella divina. La forma d'onda divina ha un ritmo e un andamento in cui ci si può immettere e la forma d'onda umana ha un ritmo e un andamento proprio. A volte eseguono insieme una danza molto bella.

Si uniscono, poi ognuno prosegue per il proprio cammino, poi si riuniscono ancora. Ogni volta si avvicinano sempre di più, condividono esperienze e saggezza. Anche ora, mentre stai leggendo queste parole, il tuo Sé umano sta imparando e sta facendo un'esperienza. E anche il tuo divino sta imparando e si sta espandendo. È una danza bellissima.

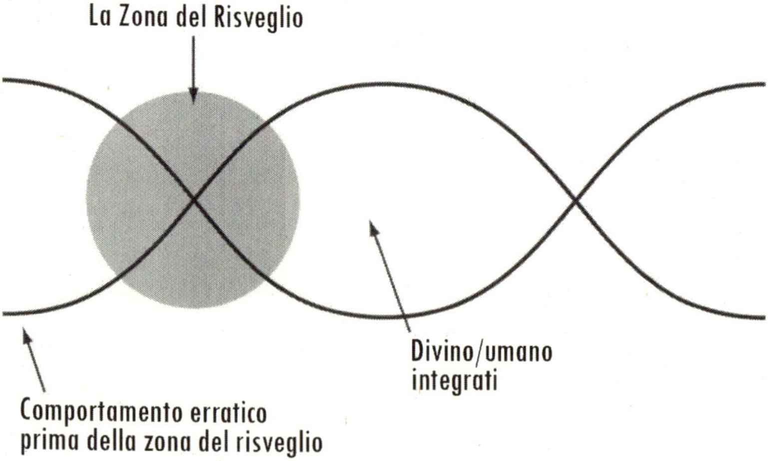

Prima o poi, l'elemento umano e quello divino si riuniscono. Questo è quello che vi sta succedendo proprio adesso. Tu ritorni a Te e, poi, lo spirito e l'umano fanno insieme una danza eterna. Quel punto si chiama zona "X" o zona del risveglio ed è il punto in cui vi trovate ora. Pochissimi umani si trovano nella zona del risveglio.

Con il lavoro che ha fatto con molti di voi nel corso degli anni, Tobias vi ha portati nella fase iniziale della zona del risveglio. Vi ha dato l'insegnamento che siete divini e vi ha aiutato a capire che non siete pazzi. Vi ha aiutato a lenire le ferite che il vostro sé umano ha subìto lungo la via. Vi ha aiutato, in un modo compassionevole e rassicurante, a guardare i potenziali futuri che vi avrebbero portato a questo punto, in cui voi potevate guardare i vostri potenziali.

Tobias vi ha portato a questo punto e poi ha detto: "Adamus, adesso tocca a te, perché io ritorno in Terra a lavorare con gli umani in un altro modo." Come molti di voi sanno, Tobias si è incarnato in una forma fisica il 19 luglio 2009.

Immediatamente prima di entrare nella zona "X", l'aspetto umano diventa molto, molto erratico. Lo spirito risponde con compassione, producendo un riflesso di voi molto interessante: quando diventate erratici, anche il vostro spirito diventa erratico. Non è più in sintonia con voi. Quando le frequenze lavorano insieme in sintonia, la musica è bellissima. Quando non sono in sintonia, è orribile.

Ma, in tutto questo vi è uno scopo. Non avviene per un intento malevolo da parte del divino e, generalmente, nemmeno da parte dell'umano, perché, quando le forme d'onda non sono sincronizzate, c'è un forte desiderio di riportarle in fase, ma non la vecchia fase, non i vecchi schemi. Nella zona erratica, proprio prima di arrivare alla zona "X", gli schemi erratici comunicano l'un l'altro e dicono: "Andiamo al prossimo livello. Facciamo le cose in modo diverso."

Il comportamento erratico dà alle forme d'onda l'energia e l'impulso di salire al livello in cui vi trovate ora – il Risveglio.

Nella zona del risveglio accadono molte cose interessanti. Lavorando insieme a molti umani di tutto il mondo che si stanno risvegliando, scriveremo e parleremo adesso di quello che succede durante il processo del risveglio. Non sarebbe stato utile se qualcuno ve lo avesse spiegato prima, dicendovi:

"Il processo del risveglio funziona così: la vostra esperienza sarà del tutto personale, ma questo è ciò che accade." Ecco cosa stiamo facendo adesso.

Questo è uno dei motivi importanti per cui siete venuti sulla Terra e perché ci siete rimasti in un corpo fisico. Lo faremo insieme, in modo semplice e facile da capire. Lo spiegheremo in termini che gli umani possano capire. Perché dovremmo metterlo in termini esoterici che nessuno capisce?

REGOLE

Cosa accade nella zona del risveglio, nel punto in cui le forme d'onda dello spirito e dell'umano si intersecano? Le vecchie regole non funzionano più. Le regole sono quelle cose che avete sviluppato per destreggiarvi nella vita umana. Gli umani hanno la tendenza a vivere seguendo delle regole, dei bei sistemi di credenza preconfezionati, proprio come i cibi surgelati preconfezionati che comprate nei supermercati.

Naturalmente, alcune regole vanno bene – una regola per come guidare la macchina è questione di buonsenso – ma la maggior parte della gente rimane intrappolata nelle regole. Come mi devo vestire? Ci sono delle regole. C'è una miriade di regole che gli umani hanno per mangiare, lavorare, far soldi, diventare istruiti, e anche per come morire. Gli umani hanno delle routine e delle abitudini che ripetono in continuazione per cercare di dare un ordine alla loro vita, ma, in realtà, sentono che non c'è ordine. Cercano di far ordine, ma sanno che l'ordine non c'è. È come raccogliere le foglie durante una tempesta: non funziona. Ma le regole danno sicurezze.

Le regole si sono sviluppate nella fase di pre-risveglio. Quando si arriva alla "X" della zona del risveglio, non funzionano più. Avete l'impressione che l'umano si frantumi, che tutto si disgreghi e vi sembra di precipitare in un abisso e non sapete se ne uscirete mai. Tutto ciò non è per niente vero. Ci si *sente* in quel modo e, a volte, tutti voi fate proprio questa esperienza, ma questo fa solo parte dell'esperienza.

Le vecchie regole non funzionano più e voi, probabilmente, lo avete imparato in questa vita. Avete cercato di ritornare alle vecchie regole, ma le regole non funzionano.

Naturalmente il passo successivo è cercare di creare nuove regole! La mente tenta disperatamente di creare una nuova regola, poi voi vi inventate delle parole fantasiose e chiamate la nuova regola "nuova energia". Ditemi, è così? Ma questa non è la stessa vecchia regola con un nome nuovo? Sì, perché, generalmente, non esistono regole della nuova energia. La vecchia energia, quella sì rispondeva a delle regole. Quello che era fatto ieri può essere ripetuto oggi e, allora, voi lo ripetete e lo perfezionate e lo ripetete ancora e ancora e ancora fino a che andate in crisi e in confusione totale. La vecchia energia è vibrazionale e prevedibile. Continuate a giocarci in modo nuovo, ma è davvero prevedibile perché si tratta solo di vecchia energia.

La *vera* nuova energia non può essere limitata da regole perché non è vibrazionale. Non ha schemi. Se lavora una volta in un certo modo, non vuol dire che la prossima volta lavorerà nello stesso modo. La nuova energia sembra essere molto caotica, ma non lo è. Anzi è molto bella. Quando fate l'esperienza della vera nuova energia, vi accorgete che è bellissima.

Non avete bisogno di regole. Non avete bisogno di procedimenti e procedure. Se nella nuova energia si verificano dei processi, mentre si lavora con la vecchia energia o con dell'altra nuova energia, essi sono intrinseci a essa. Non c'è bisogno che venga creata, costruita o analizzata. Il processo è intrinseco. Ma cambia e la mente si confonde. Sembra che tutto vada in pezzi, ma non è così. Tutto si ristruttura da solo prima che venga ricostruito.

LA SINDROME DI GABRIELE

Voi avete anche quella che io chiamo "La sindrome di Gabriele". È quando siete nella zona del risveglio e sentite "la chiamata". In realtà è il suono della vostra stessa anima. Una volta avete risposto alla tromba di Gabriele, alla chiamata di venire in Terra, alla chiamata dal regno angelico di venire a condividere l'incredibile esperienza in Terra. Penso sia stato qualche angelo esperto in comunicazione di massa che ha lanciato una grande campagna pubblicitaria con lo slogan: "Andate a vedere il mondo"!

Ora, quando entrate nella zona del risveglio, la vostra "tromba di Gabriele" suona dentro di voi. È la chiamata che vi porte a integrare ogni vostra singola parte – i vostri vari aspetti, le vite passate, i potenziali futuri, i potenziali passati non manifestati. Ogni vostra parte, comprese quella divina e quella umana, ora si stanno integrando.

Questo crea quello che in apparenza sembra un caos. Improvvisamente tutti gli aspetti ritornano a casa contemporaneamente e una parte di voi non è così sicura di rivolerli tutti. In un certo senso vi piaceva avere la casa tutta per voi – in altre parole una mancanza di consapevolezza – ma ora stanno tutti tornando a casa e non solo per farvi una visita. Vengono per restare. Ma va bene perché si stanno integrando. State riportando nella vostra vita ogni aspetto di voi.

Mentre questo accade, vi tuffate in voi stessi. Diventate iper-critici, iper-insicuri, iper-analizzate voi e gli altri. Qui, nella zona del risveglio, vi tuffate profondamente dentro di voi. È un tuffo nella scoperta di sé. È un tuffo per aprirsi alla consapevolezza, ma che comporta un mucchio di dubbi, un mucchio di analisi iper-critica fino a diventare un'ossessione. Diventa il vostro primo pensiero al mattino e l'ultimo alla sera. Vi portate quell'ossessiva analisi perfino nello stato di sogno.

Poi arrivate al punto di resa. Tobias l'ha riassunto perfettamente quando ha detto: "*Non ha importanza.*" Arrivate a un punto in cui proprio non ce la fate più ad analizzare voi stessi e le cose che vi stanno intorno. Siete esausti per tutto quel focalizzarsi sulle cose brutte che avete fatto nelle vite passate e in questa vita.

CHE COSA FARE?

E ora siete qui, nella zona "X", e la domanda è: che cosa potete fare adesso? Sapete che umano/divino, maschile/femminile e ogni altra dualità in voi stanno cominciando a integrarsi. Adesso, quello che importa è aver fiducia, una sana fiducia in voi. Non una cieca fiducia, ma una sana fiducia.

Avere una sana fiducia che state attraversando un processo, che è giusto e naturale. Avere anche fiducia che voi siete Dio. Sul serio, *sul serio* permettetevi che il vostro sé umano, la vostra coscienza umana possa sentirlo. Sentite che va bene per voi? Sentite che va bene aprirsi al vostro divino? O è come un muro? Sentite come un abisso profondo quando cercate di aver fiducia nel vostro divino? Se è così, fate un respiro profondo. Non c'è fretta.

La fiducia dev'essere vera. La fiducia nel vostro divino, nel vostro Sé occorre che sia vera. La fiducia non può essere un sistema di credenza come quelli che avete conosciuto in passato. Non la potete fabbricare, non la potete manipolare. In altre parole non può essere solo una fede intellettuale a cui disperatamente vi aggrappate. La vostra fede dev'essere vera.

Abbiate fede che tutto questo è nella grazia divina. Non ponete la fede in Lui o Lei [*rivolgendosi verso l'alto*], o negli spiriti guida o nei guru, ma *solo* in voi stessi. Sottolinea la parola "solo" otto volte, in neretto e con un punto esclamativo. ***Solo in te stesso!*** Non in semi o in cristalli bellissimi, o nei mantra o in qualsiasi altra cosa. La fede deve essere vera. Non ditemi: "Okay Adamus, avrò fede in me," per poi tornare ai vecchi schemi di diffidenza.

L'altro elemento è la compassione – compassione verso sé stessi. Compassione vuol dire *accettare* ogni vostra parte. Tutti quegli aspetti, tutte quelle parti e quei pezzi che tornano indietro da voi, hanno bisogno di sentire la vostra compassione. È il benvenuto a casa che date loro. E, come la fiducia, deve essere sincera. In altri termini, non potete semplicemente dire: "Sarò compassionevole," e poi andare a casa e incominciare a fustigarvi e a dirvi che ci arriverete poi. La compassione dev'essere sincera.

La compassione può essere una cosa molto impegnativa. Quando provate compassione per voi stessi, verranno in superficie le problematiche sul perché non siete stati compassionevoli in passato. Tutto quello per cui non avete provato compassione verrà a galla. Ogni ferita, ogni lato oscuro, ogni frattura riaffiorerà, perché vuole, finalmente, la vostra compassione.

Compassione è la capacità di guardare il peggior fatto della vostra vita osservandolo da un punto di vista completamente diverso. Non sto dicendo di trovarci dei lati buoni fasulli; sto dicendo di sentirlo fino in fondo, di capirlo fino in fondo. Non di fare elucubrazioni mentali, ma di capire cos'è veramente accaduto in quell'occasione. Cos'era *realmente* successo? Lo avete sempre guardato da un unico punto di vista e da un'unica prospettiva. Se volete provare compassione, emotivamente e con sentimento, guardatelo come un osservatore da tutte le angolazioni.

Avete portato una croce per molto tempo. La croce non è fatta per soffrire; la croce è l'intersezione tra il divino e l'umano, qui. "X" o anche croce: guardate a tutto ciò da questa nuova prospettiva.

IL RISVEGLIO

Vi chiedo di girarvi per un attimo [*Adamus ora è in fondo alla stanza*].

Il motivo per cui vi ho chiesto di voltarvi e guardare in fondo alla stanza è molto semplice. Voi siete già risvegliati, ascesi, qualunque parola vogliate usare. Siete già illuminati. Siete già dall'altra parte della zona "X". Ce l'avete fatta. Ci siete riusciti. Adesso guardate indietro per vedere come avete vissuto l'esperienza.

Come un vero mago Merlino state viaggiando indietro nel tempo. Avete scelto di ascendere, quindi è già avvenuto. Ora viaggiate indietro nel tempo per fare l'esperienza del percorso ascensionale.

In realtà, state rivedendo voi stessi. Come è stata l'esperienza del risveglio? Come *volevate* che fosse quell'esperienza? *Kuthumi*[5] ne ha parlato diversi anni fa. Siete già ascesi. Nonostante i dubbi, la resistenza, le strane procedure e terapie, le guide e le elaborazioni, nonostante tutto ciò, vi siete risvegliati. *Tu sei già lì.*

Fate un respiro profondo. Non c'è niente di cui preoccuparsi, dovete solo scegliere i potenziali di come ci siete arrivati.

---

5. Kuthumi lal Singh, vedi Glossario.

È davvero semplice. Potete scegliere. Potete scegliere come ci siete arrivati. Magari, in questo momento, non sentite che sia così. Magari vi sembra che la coscienza di massa, le forze oscure e il mondo in generale stiano cospirando contro di voi, ma no, siete voi che state cospirando contro voi stessi. Questo è tutto, ma va bene così. A dire il vero è un gran divertimento. Io ho cospirato contro me stesso per 100.000 anni. Volete che vi racconti di nuovo quella storia?

Tobias ha detto che il divino è la vostra semplicità, ma gli umani ne fanno la loro complessità. Il divino è *così* semplice, bello e puro, ma c'è stato uno sforzo; forse uno sforzo economico o anche religioso, per rendere complesso il divino, qualcosa fuori portata, qualcosa per cui si ha bisogno di un intermediario o di un professionista, di uno che faciliti il percorso.

Che cosa accade quando vi risvegliate? Incominciate a *sentire* di nuovo. Sentire è una consapevolezza sensoria e nel momento in cui siete più consapevoli, avete sensitività e sentimenti, una maggiore consapevolezza sensoria di tutto quello che è nell'Adesso e nelle dimensioni attorno a voi.

Che cos'è il risveglio? Aver fiducia che tutto è perfettamente in ordine. Come dico sempre al termine dei nostri incontri: "Tutto è bene in tutta la creazione, voi compresi." Il concetto che le cose siano imperfette è falso, ma la maggior parte delle persone ci sguazza dentro. La creazione è perfetta, anche se scegliete che non lo sia.

CHE COSA HA MESSO IN MOTO IL TUO RISVEGLIO?

Che cosa ha messo in moto il processo del vostro risveglio? Potrebbe essere stato un libro caduto dallo scaffale di una libreria mentre stavate curiosando, o un film che vi ha indotto a guardare la vita in un modo completamente diverso, oppure un sogno molto intenso che vi ha portato a un livello dove mai eravate stati prima, o la morte di una persona cara che vi ha spinti a riflettere sul significato della vita e della morte. Potrebbe essere il trauma di un incidente automobilistico che vi ha scaraventi fuori dalle vostre sicurezze oppure molto semplicemente, una mattina vi siete svegliati e vi siete resi conto di essere soli. Potrebbe essere stata un'improvvisa, irresistibile curiosità. Ci sono cose che sono rimaste a macerare per vite intere – *vite intere* – e finalmente vi siete connessi a loro.

Una delle esperienze comuni ai Maestri Ascesi durante il loro risveglio è che loro *sapevano* che era fatta. Non più Terra, non più vite, non più rapporti con gli umani nel modo conosciuto. Niente più sedersi a tavola. Niente più passeggiate nei boschi. Niente più sesso.

Ogni Maestro Asceso arriva a un punto in cui c'è un vero e proprio desiderio di far marcia indietro e restare lì per un altro po' di vite. E voi, quando avete contemplato l'ascesa l'avete provato? Sì, sembra molto bello scendere da questa astronave terrestre, ma quando la realtà vi tocca – e per molti di voi questa sarà l'ultima vita – c'è qualcosa di questa Terra che è così bello. Dopo tutto, la vita *può* essere gioia.

Riuscite a immaginare di sapere che tutto si risolverà – che si è già risolto – sapere che potete creare qualunque cosa vogliate? Riuscite a immaginare di non dovervi preoccupare per la vostra salute? Di non preoccuparvi di morire?

Questo pianeta è stupendo. Ci sono molte altre forme di vita nell'universo, ma nessuna è come quella umana. Nessun altro pianeta è il portale per l'ascensione. Nessun'altra forma di vita è più saggia degli umani. Oh, ci sono forme di vita intelligenti là fuori, ma non sono veramente sagge. Hanno ancora molto da imparare.

In questo risveglio, accadono molte cose prima di arrivare al punto del *Frutto della Rosa*, un termine creato da Tobias per indicare il "promemoria" che potete ascendere quando volete. Fate finta che non ci sia, folleggiate di vita in vita, perfino ignorandolo quando ci sbattete contro, ma un giorno vi rendete conto che la chiave per l'ascensione è sempre stata lì. È il Frutto della Rosa.

Ora ritornate con la memoria a quando è iniziato il processo del vostro risveglio. Avete letto un libro, una mattina vi siete svegliati con delle domande, qualcuno vi ha portato a un seminario. Prima di allora, c'erano cose come la frustrazione per la vita, forse anche una profonda nostalgia di ritrovare sé stessi, ogni parte di sé. Quella nostalgia è come percepire il "perduto amore" o "l'anima gemella", come se ci fosse un altro essere in un altro regno che vi aspetta, la storia d'amore più grande che sia mai stata raccontata. Ed è molto vera, ma non è un altro essere. Sei *tu*.

Prima o poi, tutti si risveglieranno. Per alcuni sarà molto più tardi. Nel vostro caso, siete all'avanguardia. Sì, alcuni Maestri Ascesi sono venuti prima di voi, ma non sono molti. Effettivamente voi fate parte di quello che io considero il primo gruppo che fa questa esperienza. Finora sono stati dei singoli individui, ma questo è il primo gruppo.

Le vostre esperienze a questo punto del risveglio, per voi e per molti altri di voi, sono state esilaranti, travolgenti. Vi hanno fatto riconsiderare tutto. Vi hanno colmato di aspettative e di gioia. Avreste voluto mettervi a ballare in mezzo alla strada. Avreste voluto montare in bicicletta, per correre a bussare a tutte le porte. Avreste voluto raccontare a tutti di quella nuova incredibile sapienza, di quella gioia che stavate provando – "*Sto ritornando a Casa, da me!*" Ricordate?

Questo è il punto del risveglio. È splendente, assolutamente radioso. Vi porta a studiare incredibilmente tanto, tutto quello su cui potete mettere le mani, qualunque cosa che sia spirituale. Studiate la filosofia, le religioni, leggete tutti i libri new-age, tutti i messaggi canalizzati e poi diventate spirituali. Vi mettete l'etichetta di spirituale. Vi mettete a dire che siete un essere spirituale, senza sapere veramente che cosa voglia dire, perché sicuramente vi fa star bene. È un segno di onore, vi dà qualcosa con cui relazionarvi e, sì, vi ricorda che siete in viaggio. Questa fase dura un po' di anni.

LA SECONDA FASE DEL RISVEGLIO

E poi accade qualcosa di veramente interessante. Entrate nella Fase due del Risveglio. Riguarda la destrutturazione. Aiuto! Molti di voi ci sono già passati, è già stato fatto e ne sentite ancora gli effetti collaterali. Siete pronti per l'ascensione, state diventando una persona saggia e spirituale e poi succede qualcosa. La vostra vita va in pezzi. Vi state destrutturando.

Non voglio dire che sia una sfortuna, perché è una fase necessaria, ma non c'è bisogno che sia così dolorosa. Non occorre che sia quasi una morte. Succede perché in questa zona "aiuto!" tutto quello che pensavate fosse, ogni credenza che avevate, incomincia a sgretolarsi. È un vero processo di trasmutazione; *sembra* che tutto stia andando in pezzi. Vi sentite come se vi steste frantumando, come un vecchio edificio scosso da un terremoto. L'aspetto umano grida: "Ma che cosa... sta succedendo alla mia vita!?"

Qui siete nel bel mezzo di una contraddizione tremenda. Siete una persona spirituale la cui vita sembra si stia sgretolando. Avete detto alla gente che diventerete grandi, invece ora diventate niente. La gente vi ride alle spalle e, ogni tanto, anche in faccia. Perdete il lavoro, la moglie o il marito, la salute, la testa. Tutto va in pezzi. Vi state destrutturando.

Celebrate! Siete nella parte sperimentale del risveglio. Tutti i vecchi valori incominciano a slittare e a cambiare. Tutti i vecchi sistemi di credenza si destrutturano.

Così tanti di voi hanno un aspetto che sin dalla nascita è stato educato ad avere successo nella vita, ad avere un buon lavoro, una brava famiglia, a rendere gli altri orgogliosi di voi e a fare figli di cui voi sareste stati orgogliosi – e non è necessariamente andata in quel modo. A proposito, quell'aspetto continua a perdurare in voi. È ancora lì che dice: "Hmm, *ti* sei messo su quel folle sentiero spirituale e adesso guarda che vita ho *io*." A quell'aspetto non interessa la *vostra* vita; quell'aspetto vuole *il proprio* appagamento. Vuole una vita da film, che non è necessariamente una vita spirituale.

Improvvisamente tutto va in pezzi e voi credete di star diventando pazzi. Diventate mentalmente, fisicamente, finanziariamente e spiritualmente squilibrati. Nulla ha più senso.

Tutto questo è una festa per tutti i vostri aspetti. Adesso ritornano tutti. Alcuni di loro non sono stati in contatto con voi per molte vite. Sono stati in altri regni perché non si fidavano di voi. Sono andati da qualche altra parte e adesso sentono l'urgenza di tornare tutti da voi. Sentono la stessa chiamata che avete sentito voi. Percepiscono che qualcosa si sta smuovendo e allora tornano per vedere se questa è la volta che possono prendere il sopravvento e condurre lo show. Oppure c'è una parte di loro che è curiosa di vedere cosa vi sta succedendo – "Forse andiamo a casa davvero!" – e poi scoppiano a ridere: "Certo che no. Figurati."

I vostri aspetti ritornano. Alcuni di essi vi detestano, altri ritengono che voi siate degli sciocchi e altri vogliono potere e controllo. Questo è un tempo di sfide enormi per voi e per i vostri aspetti.

Quella che state attraversando è una fase di eccessiva fragilità e tuttavia di estrema importanza.

Ricordate, andrà tutto bene. Voi siete già ascesi e ora state solo andando indietro nel tempo per sperimentare come ci siete arrivati. L'unico rimpianto che avrete è di non aver realizzato prima che sarebbe andato tutto bene; che avete lottato contro il fatto che sarebbe andata bene; che non ci credevate che sarebbe andata bene. L'unico rimpianto in tutto questo stupefacente processo è che direte: "Diamine, perché non me la sono goduta di più?" *Andrà tutto bene.*

Proprio adesso l'energia in questa stanza è cambiata. Tutte le tensioni e le ansietà che vi eravate portati appresso improvvisamente se ne sono andate. Tutto quel preoccuparsi non era altro che per fare l'esperienza di come ci si sente a preoccuparsi!

Non pensateci. Semplicemente sentitelo, perché pensarci vi farà dire: "Sì, bene, ma la realtà della vita? Adamus, sai, è che ho un lavoro, una famiglia, delle responsabilità." E bla, bla, bla. Eccovi di nuovo nel vecchio gioco.

Siete capaci di guardarvi indietro dal vostro stato asceso e dire: "Come voglio che sia l'esperienza di arrivare lì?" Se c'è qualcosa che vorrei farvi capire è che se voi *state* guardando indietro a voi stessi è perché scegliete di farlo. Se volete procedere nel vostro percorso verso l'ascensione potete farlo. Ma se volete guardarvi indietro e dire: "Ecco come ho scelto di farlo," potete farlo. Ci vuole un po' di pratica, perché per eoni di tempo l'avete fatto nell'altro modo.

Così, miei cari amici, tutto comincia a frantumarsi qui nella zona del risveglio. Sembra un bel po' sconfortante. Sembra tutto nero. Non ce la fate più. È il peggior processo di morte che dovete affrontare, peggio della morte fisica.

Al confronto la morte fisica è una passeggiata al parco in un giorno di sole, perché lì lasciate andare solo il vostro aspetto fisico. Generalmente, la vostra coscienza vi lascia giorni prima che il corpo muoia. Perdete la connessione, quindi evaporate dall'altra parte e poi il corpo muore e tutti piangono – beh, quasi tutti – ma questa cosa è peggio. Questa è la morte del sé, il sé che era stato costruito con tanta cura, disegnato impeccabilmente e manipolato da un professionista vita dopo vita. Questo sé era stato progettato da voi per essere eterno e voi, all'improvviso, scoprite che non lo è.

Non parlo del corpo fisico; sto parlando dell'identità umana. Questo aspetto robotico era stato programmato per la perfezione umana – un bel corpo, un volto bellissimo, un impeccabile senso del vestire, ricchezze su ricchezze, soprattutto intelligenza, l'abilità di fare miracoli con un semplice gesto della mano – e, naturalmente, il buon profumo dei biscotti al cioccolato. Questo aspetto umano è stato accuratamente progettato e da voi programmato attraverso l'esperienza di molte vite sulla terra. E ora scoprite che era una grandiosa, enorme illusione.

Non raggiungerete mai lo stato di perfezione umana. Non è raggiungibile. Perché? Perché qualcosa dentro di voi sapeva che se mai sareste diventati l'"umano perfetto" non avreste mai voluto lasciare questo pianeta. Ma la vostra anima sa che, prima o poi, arriverà il momento di lasciarlo.

Il periodo di destrutturazione può durare dai 10 ai 15 anni per quelli che vanno in fretta oppure da 3 a 4 vite per quelli che camminano a passo più lento. Pensate a tutte le credenze che avete accumulato, alle delusioni, alle illusioni, alla rabbia, alle ferite e a tutto il resto. Pensate a quanto tempo c'è voluto per accumulare tutto quello che siete. E adesso pensate a quanto tempo vi ci vuole per liberarvi di tutto.

LA ZONA DI "FUSIONE"

Poi passate alla fase seguente, la "fusione". A proposito, non ci sono precise linee di demarcazione tra le varie fasi. Non si salta da una fase all'altra. Fluiscono l'una nell'altra. Sto semplificando enormemente solo per amore della dialettica.

Nel processo di risveglio, arrivate alla "fusione". Le forme d'onda si uniscono. Improvvisamente vi accorgete che non si può più tornare indietro. Sta *succedendo*. Cercate di tornare indietro, ma non potete. Cercate di dimenticare, ma non ce la fate a dimenticare quello che sapete. Ci provate, anche. Dite: "Posso cancellare tutto?" ma non potete.

La fase seguente è la fusione, dove, a un livello molto profondo, incominciate a sentire voi stessi, il vostro divino. Vi sentite ancora molto umani, ma all'improvviso avete guizzi di chiarezza. Improvvisamente avete uno scoppio di creatività. Non ne avevate uno da tanto, tanto tempo e, improvvisamente, eccolo. Siete attratti da cose creative, come la musica e l'arte. Vedete il bello in cose che sono sempre state lì, ma che non avevate mai notato.

State ancora attraversando il caos e il trauma della destrutturazione, ma adesso avete qualche speranza. Incominciate ad avere delle prove che sta accadendo davvero. Incominciate, di fatto, a connettervi e a comunicare con entità non fisiche; loro rispondono e allora voi, naturalmente, dubitate. Ma lo fate di nuovo e la volta seguente c'è più chiarezza. La nebbia incomincia a diradarsi, ma il giorno dopo, forse, è nuovamente fitta. Improvvisamente provate una nuova passione, ma il giorno dopo sembra svanire.

Siete in una buffa terra di mezzo e qui, cari amici, è dove ora si trovano molti di voi. Avete ancora delle ansie, siete ancora un po' sotto shock, sopraffatti e stupefatti dall'intero processo del risveglio, ma, cari amici, in questa fusione ognuno di voi incomincia a percepire il proprio Sé, quel perduto amore. La percezione si fa più intensa e la cosa buffa è che, in questa fase, il cuore soffre, ma non solo per il perduto amore, vi accorgete che *sta* soffrendo anche per *voi*.

È un sentimento che va oltre le parole. È indescrivibile sapere che ogni parte di voi aveva sentito la vostra mancanza e aveva cura di voi e si sentiva separata da voi e voleva tornare da voi ancora di più di quanto voi volevate tornare da lei. È un'esperienza meravigliosamente bella. Magari dura per un millesimo di secondo, ma non importa. *Non ha importanza.*

All'improvviso scoprite che quella cosa che stavate cercando è davvero molto vicina. Vi sentite come se steste per raggiungerla. Riuscite quasi a sentirne il sapore, a respirarla, qualunque cosa essa sia. In qualunque modo vogliate chiamarla – illuminazione, consapevolezza, ascensione – è tanto vicina. Sapete che è qui. Non è più un lontano sogno, è proprio qui.

Ma attenzione! Questo è anche il punto in cui facilmente ci si distrae. Proprio qui. Avete appena incominciato ad assaporarla e poi, all'improvviso – vi distraete.

Quali sono le distrazioni? Dovreste saper rispondere a questa domanda perché ne state facendo l'esperienza. Quali sono le distrazioni?

Il corpo fisico! I dolori e i fastidi e la preoccupazione di ammalarsi, ma il corpo fisico è capace di prendersi cura di sé.

Ditegli: "Caro corpo, sono in una fase di grande apertura, una fase di fioritura e di illuminazione. Per favore, potresti prenderti cura di te?"

Sarà capace il corpo di sopportare le energie intense e potenti che entrano? Riuscirà la mente a gestirle senza bruciare i circuiti? Ce la farà il corpo a gestire la mutazione del DNA, con gli organi, il sangue e le cellule e tutto il resto che subisce un processo di cambiamento? Dipende da voi. Dipende assolutamente da voi. *Tu* puoi determinare la riuscita. *Tu* puoi dire: "Caro corpo, cara mente, voi sapete come rimanere in equilibrio. Ve l'ho installato io dentro. Sapete come mettervi a posto da soli. Quindi adesso, dannazione, fatelo!" Siate proprio così chiari.

La famiglia e i rapporti possono essere una distrazione. Chiamiamoli i nostri amati – o solo in parte amati, qualche volta amati o anche occasionalmente i nostri amati, questa è bella.

Avete figli e partner, persone che sono state con voi per molto tempo. E se questo volesse dire che non sarete lì per loro o loro per voi? A questo punto, questa è, forse, la distrazione numero uno. È enorme. È molto onorevole e segno d'amore che pensiate a loro, ma in molti sensi non fa onore a *voi*.

In realtà non sono loro a creare lo scenario. Siete voi, dicendo: "Sì, ma se io ascendo, ascenderanno anche loro? Ci impiegheranno 1.000 vite? Chi sarà lì ad aiutarli? Facciamolo insieme o non facciamolo per niente." Questa scelta è vostra. Solo vostra, ma voglio che voi vi fermiate per un attimo e consideriate qualcos'altro oltre a questo potenziale.

E se *voi* vi risvegliaste completamente? Che effetto avrebbe su di loro? Forse la vostra luce risplenderebbe su di loro. Se voi diventate ciò che veramente siete, potreste aiutar loro a vedere chi sono veramente. Forse diventerete uno Standard, un esempio illuminante per loro. E forse – riflettete per un attimo su questo – forse avevate un qualche accordo che voi lo avreste fatto per primi e che loro vi avrebbero dato una mano. Voi diventate uno Standard per loro. Voi lo fate per primi così che loro possano prendersi cura delle cose di tutti i giorni, qui. Forse, solo forse.

Ci sono anche altre distrazioni nella zona del risveglio. Una delle distrazioni peggiori è l'arroganza spirituale. È la vostra stessa spiritualità. Diventate così pieni di voi, perché effettivamente vi *sentite* così bene e *avete* imparato tante cose, ma voi, in effetti, state gonfiando i vostri vecchi valori spirituali anziché destrutturarli. Improvvisamente diventate il guru, il saggio, e ci state bene in quella posizione, come dire, elevata, che vi fa sentire un po' più in alto degli altri. State vivendo un'esperienza reale, ma c'è la tendenza a stare in quel piedistallo perché vi piace recitare questo ruolo per gli altri. Vi piace questa vostra spiritualità che avete scoperto di recente. Perché andare oltre, se potete mangiare la torta e anche benedirla?

Molti di voi ora si trovano qui. Nella fase di fusione. Ne state facendo l'esperienza. La state sentendo. Eccola. Sentite il tocco, il sussurro di voi stessi come non lo avete mai sentito prima.

Capitolo Due

IL CORPO DI COSCIENZA

Avete spesso discusso di quelle componenti che credevate foste voi; moltissimi amano definirsi corpo/mente/spirito. Cancelliamo subito tutto questo. Invece di vedervi fatti di queste singole componenti che, fondamentalmente, si escludono a vicenda, è ora di andare oltre.

È tempo che ognuno di voi sia consapevole di sé stesso in quanto Corpo di Coscienza. Non più corpo, mente e spirito, non più umano e divino, non più buono e cattivo, non più luce e ombra e non più maschile e femminile. *Tu* sei un corpo di Coscienza, un corpo completo, come in un contenitore, un corpo integrato, come nella sovranità. *Tu* sei un Corpo di Coscienza. Coscienza è consapevolezza. *Tu* sei un Corpo di Consapevolezza, intero e completo, fatto di fisico, mentale, emozionale e spirituale – soprattutto spirituale.

Se lo scegliete, la mente si fonde nel vostro Corpo di Coscienza. La biologia fisica si fonde nel Corpo di Coscienza. Il vostro spirito che una volta tenevate così separato dal resto di voi, ora si fonde nel vostro Corpo di Coscienza. Ci si evolve, ci si espande; si ritorna nel centro del proprio Sé che ora è così tanto espanso da comprendere il fisico, l'emozionale e il mentale. Il Corpo di Coscienza comprende anche ogni singola esperienza che la vostra anima abbia mai fatto, più tutti i potenziali delle esperienze che erano state immaginate dalla stessa anima, ma mai messe in atto nella scena della vita umana.

In quanto Corpo di Coscienza, non vi dovete vedere nient'altro che come il vostro Sé, la vostra anima, la vostra sovranità, il vostro Corpo di Coscienza. Il vostro corpo non deve essere solo fisico, in carne e ossa. Può essere molto non-fisico, molto multidimensionale e molto spirituale.

Non usiamo più le vecchie modalità per definire voi stessi – corpo, mente, spirito. Andava bene nel passato. Vi dava la consapevolezza dei vari livelli di realtà, ma ora siete un Corpo di Coscienza.

Cos'è la coscienza? È consapevolezza. Voi siete un Corpo di Coscienza o un Contenitore di Consapevolezza. Cos'è Dio? La stessa cosa che siete voi: coscienza e consapevolezza. Lo Spirito è uno con voi e Anche Voi Siete Dio. Spirito in un Corpo di Consapevolezza, proprio come voi, ma lo Spirito non ha mai avuto un corpo fisico, una mente umana o emozioni umane.

ESPANDERE IL CORPO DI COSCIENZA

Nel momento in cui arrivate a capire il significato del vostro Corpo di Coscienza, potete proiettare la vostra coscienza oltre voi stessi. Per esempio, potete proiettare il vostro sé in un cane o in un gatto.

A me piace espandere la mia coscienza in un cane. Non mi impossesso della sua mente e non cerco di controllare il cane, ma mi serve per immergermi nella realtà fisica del cane per un breve lasso di tempo. Voi potete fare la stessa cosa.

Questo non vuol dire che vi trasformate in un gatto o in un cane. Vuol dire che state espandendo il vostro Corpo di Coscienza in un altro Corpo di Coscienza. Vi potete espandere in un cane al lato opposto del pianeta o in un gatto o in un uccello o in qualunque altra cosa vogliate. Se vi espandete in un uccello, potete essere consapevoli di cosa sta avvenendo proprio ora in Norvegia, in una città specifica o in una determinata casa o comunità. Espandete il Corpo di Coscienza e siete lì. Siete veramente lì.

Uccelli, gatti, cani e altri animali non sono esseri con l'anima. A parte pochissime eccezioni, non hanno l'anima, quindi non state prendendo il posto della loro anima e, dunque, non potrete restare in loro per sempre. Scoprirete che, dopo un po', vorrete andarvene da lì. Se coabito con un animale, di solito non ci sto mai più di tre giorni.

LA VERA VOCE

La *vera* voce è il Corpo di Coscienza. È una voce avvolgente e non è soltanto il divino. Voi vi siete separati dal divino, lo avete messo da qualche parte in un ripostiglio spirituale, avete chiuso la porta e vi siete dimenticati dove si trova il ripostiglio. Il Corpo di Coscienza è più che divino. È anche umano. È anche il mentale. È anche i vostri potenziali futuri e i potenziali del passato che non sono mai stati realizzati o messi in atto.

In passato vi sono capitate cose, ma questo non è esatto. Diciamo che avete avuto un incidente e che vi siete fatti molto male. Ora credete che in un periodo della vostra vita siate stati molto male, quasi sul punto di morire. Ne avete preso nota come di un fatto che è avvenuto, è la vostra storia, la storia della vostra vita – invece non lo è per niente. Era uno dei molti potenziali – potenziali molto vivi e reali – ed era quello che vi è capitato di rendere manifesto in questa realtà. Ma voi, in altre realtà, avevate molti potenziali che erano apparentemente in una forma non fisica. Avevate tanti, tantissimi altri potenziali che furono contemplati – ci avevate pensato a un qualche livello – ma non erano mai stati messi in atto. I vostri potenziali sono la vera storia della vostra vita, non quello che credete sia successo.

La vera voce è il Corpo di Coscienza – l'Io Sono in questo preciso momento. Ieri *non ha importanza*. Le vite passate sono irrilevanti. I potenziali del futuro possono effettivamente essere ponderati e contemplati solo da questo momento. Non andate nei vostri potenziali futuri per contemplarli. Negli anni a venire vi accadranno molte cose, ma voi non andate nel futuro a contemplarle; guardatele da qui. Ma dovete essere capaci di aver fiducia nella voce – *la vostra voce* – e il motivo per cui andate così spesso nel passato o vi proiettate nel futuro è che non avete fiducia in questa voce nel momento dell'Adesso.

Oggi daremo il via al processo di dare fiducia alla vostra voce. Ma voi dovete capire da dove vengono tutte le altre voci – la coscienza di massa, gli alieni, le altre entità non fisiche. Quello che faremo ora è entrare nella consapevolezza della voce del vostro Corpo di Coscienza, nella vostra consapevolezza. La consapevolezza non usa parole per parlare. È un sentire, un sapere consapevole nel momento. Questa è la voce.

Non sentirete suoni o parole nella testa. Forse sentirete qualcosa nel cuore, nella pancia. È una calda energia dorata, dolce come il miele che fluisce e dà i brividi dalla cima della testa fino ai piedi. Quella è la voce. Quello è il sapere consapevole che siete lì, ed è questo che voi sentite o di cui diventate consapevoli o che vi mettete ad ascoltare.

Potrebbe avere o non avere gli attributi propri dell'umano. Questa voce è il Tutto. Ci vuole una fede assoluta – fede in sé stessi – per sentirla. In quello spazio sacro e sicuro potete sentire la vostra vera voce, la voce del vostro Corpo di Coscienza, la vostra voce consapevole.

Capitolo Tre

LE ATTUALI ENERGIE DELLA CONSAPEVOLEZZA UMANA

LE GUERRE DI DIO

Cosa stanno avvenendo adesso? Le Guerre di Dio. Lo si può vedere dappertutto, ora, adesso, sulla Terra. Vorreste non chiamarle guerre, ma lo sono. Forse le vedete come conflitti intellettuali o teologici, ma sono guerre – totali, guerre dappertutto sulla Terra.

Dei gruppi di umani o singoli umani, stanno cercando di capire la propria divinità, ma, facendolo, molti dei loro aspetti umani riemergono e diventano estremamente giusti. State assistendo a una lotta per rivendicare Dio. "Il mio Dio è migliore del tuo Dio. Devi credere nel mio Dio, se vuoi che io ti accetti." Queste guerre continueranno per un po'.

Tutto questo ha a che fare con il sincero desiderio dell'uomo di capire il Dio interiore, ma la maggior parte degli umani non ha *proprio* idea di come fare. Così lo fa attraverso le religioni, attraverso i dogmi, le sacre scritture, i profeti e adesso ci sono le Guerre di Dio.

Ma dove si combattono le *vere* Guerre di Dio? Non sulla Terra. In un certo senso gli umani, in Terra, sono i burattini delle vere Guerre di Dio che avvengono nei regni Vicini alla Terra. È lì che si combatte la vera battaglia.

Dove sono i regni Vicini alla Terra? Sono in una dimensione energetica vicina alla Terra fisica. Sono regni non-fisici, ma strettamente collegati alla Terra. I regni Vicini alla Terra circondano la Terra e sono tanti. Tanti, tantissimi strati.

All'inizio della storia della Terra e dell'umanità, non c'erano regni Vicini alla Terra.

Ma una volta che gli umani hanno incominciato a incarnarsi e a morire, quando si disincarnavano non volevano lasciar andare le loro esperienze in Terra e così andarono in quella "zona" che adesso chiamiamo i regni Vicini alla Terra. È dove molti di voi sono andati tra una vita e l'altra. È dove la *maggior parte* degli umani va tra una vita e l'altra e, quando sono lì, continuano ad agire e a sperimentare quello in cui avevano creduto sulla Terra fisica. Potete immaginarvi quanto, eoni dopo eoni, dopo migliaia e migliaia di incarnazioni umane, questi regni Vicini alla Terra siano congestionati.

Se andate nei regni Vicini alla Terra e credete in Buddha, andrete in una piccola area di questi regni in cui starete col Buddha oppure continuerete a pregare il Buddha, o a onorarlo, o ad adorarlo. Poi, se incontrerete o meno il Buddha, dipende da quanto buoni vi considerate. Se il Buddha è lì? Veramente no.

Lo stesso succede a chi adora Gesù. Se chi muore, ha una grandissima fede che Gesù – non Yeshua – sia il suo salvatore, molto probabilmente andrà nel regno Vicino alla Terra dove continuerà ad adorare Gesù, il suo salvatore. Ci sono tanti, tantissimi esseri che aspettano Gesù, aspettano la seconda venuta, aspettano l'estasi, aspettano la fine dei tempi. Voi, forse, non incontrerete Gesù, perché, chi va lì, probabilmente crede di non esserne degno. Altrimenti non andrebbe lì. Andrebbe da qualche altra parte.

Se siete un mormone devoto andrete nel paradiso dei mormoni, nel regno Vicino alla Terra dei mormoni. Lì è pieno di altri mormoni che mettono in atto il loro credo in una dimensione non-fisica e tuttavia strettamente collegata alle caratteristiche terrene.

Alcuni cattolici credono di avere un posto speciale. Pensano che sia unico, molto diverso da tutti gli altri. Così, alcuni devoti cristiani hanno il loro regno. È molto, molto maestoso. Vanno lì e continuano a costruire chiese e cattedrali, ad adorare i santi e a fare regolarmente la comunione. È un loro diritto e una loro scelta.

Forse sentite della tristezza o dei rimorsi per come avete trattato i vostri figli e i vostri cari, allora vi attardate nei regni Vicini alla Terra credendo di star continuando a dare un supporto alla vostra famiglia in Terra. Il senso di colpa vi tiene collegati sia a loro che al pianeta.

Spesso, quando gli umani muoiono vanno negli altri regni e continuano ad agire seguendo i loro credo religiosi. Ci sono gruppi di ebrei, mormoni, cattolici, musulmani e buddisti – e la lista continua all'infinito. In particolare, alcune ramificazioni delle varie chiese, quelle fanatiche, cercano di reclutare altri esseri nei loro gruppi, proprio come facevano quando erano nel corpo fisico sulla Terra.

A proposito, non sempre si rendono conto di essere morti. Non seguono un ragionamento razionale e non dicono: "Hmmm, sono morto. Non sono nel paradiso vero, ma sono in una 'specie' di paradiso e questo è probabilmente il posto dove dovrei trovare Dio o la mia salvezza."

Quei regni sono molto congestionati da un mucchio di energia religiosa. Molti esseri continuano a essere sostenitori molto fanatici della loro religione e possono innescare una guerra. Non sono necessariamente guerre come quelle che si conoscono sulla terra, con bombe e fucili. Le guerre nei regni Vicini alla Terra sono guerre psichiche. Sono guerre di energia simili alle guerre degli angeli che hanno avuto luogo molto prima che la Terra fosse creata.

Nelle battaglie energetiche dei regni Vicini alla Terra le fazioni religiose combattono l'una contro l'altra. Per mantenere alto l'impeto e caricare di energia la loro causa, si connettono energeticamente alle organizzazioni religiose in Terra: le chiese. Tali organizzazioni diventano centri di energia e punti di connessione energetica per i gruppi nei regni Vicini alla Terra. La connessione energetica è molto forte a causa della passione dei credo religiosi di quelli che sono sia da una parte del velo che dall'altra.

Le Guerre di Dio, in questo momento, sono molto intense e continueranno ancora per molti anni. L'effetto ricadrà sul rapporto tra i gruppi religiosi in Terra. Poiché la struttura politica di molti paesi si basa su una sola religione, continueranno anche le tensioni tra i vari paesi.

Alcuni dei gruppi finora marginali diventeranno più attivi. Gruppi che si sono staccati dalle organizzazioni religiose principali diventeranno più fanatici. Ci saranno più conflitti sulla Terra, all'insegna dei cieli, per Dio.

Nonostante quello che molte religioni cercano di insegnare, in questo non vi è né amore né Spirito. È un conflitto mentale. In altre parole, verte tutto sulle scritture e sulle regole umane. Verte sull'adorazione di Dio, che è una cosa pericolosa per il modo in cui è stata elaborata dall'umanità. Dio non ha bisogno di essere adorato. Lo Spirito non vuole questo tipo di energia, ma questo è un ottimo modo per controllare gli umani. È un modo ottimale per continuare lo stato altamente ipnotico che c'è ora sulla Terra.

Nei prossimi anni le Guerre di Dio saranno un fattore di grande importanza. Non allarmatevi, non stupitevi e *non fatevi coinvolgere*. Non fatevi coinvolgere.

In questa vita siete già passati per la vostra personale Guerra di Dio. Avete già combattuto la vostra battaglia riguardo a cosa credere e a cosa non credere, riguardo a ciò che è giusto, riguardo alle regole. Avete combattuto moltissime guerre e battaglie con voi stessi riguardo alle regole, riguardo a ciò che è giusto o sbagliato, riguardo a cosa è luce e cosa oscurità. Ora siete molto più saggi ed equilibrati e avete una conoscenza più profonda del Dio interiore. Non fatevi coinvolgere in queste altre Guerre di Dio.

C'è una sola vera risposta a tutta questa questione di Dio. C'è una sola vera verità e la verità è assolutamente individuale. Non riuscirete a trovare Dio attraverso un'organizzazione o una chiesa. Le organizzazioni e le chiese a volte possono essere di sostegno, ma non vi daranno la risposta. La risposta viene sempre da dentro. La risposta è Io Sono Ciò Che Sono e va oltre ogni spiegazione. Non potete ricevere l'illuminazione da nessun altro né da nient'altro.

L'ENERGIA VUOLE MUOVERSI

L'energia vuole muoversi come mai prima d'ora. Nel corso della storia ci sono state volte in cui l'energia era molto lenta e bloccata, ma ora l'energia vuole muoversi. Vuole qualcuno con cui danzare, con cui muoversi. Immaginate una banca piena di miliardi di dollari che non vedono l'ora di uscire e giocare. Ma se nessuno se ne accorge, se le persone non si rendono conto che il denaro vuole giocare con loro, il denaro troverà da solo un modo per muoversi. Esploderà o si brucerà o farà qualunque cosa deve fare per mettersi in movimento.

La stessa cosa vale per l'energia che c'è ora sulla Terra. Le riserve di energia sono costantemente molto elevate. L'energia vuole giocare e lo sta facendo. Se leggete i giornali o guardate la televisione, o se anche solo ascoltate il vostro corpo, l'energia vuole muoversi ora, adesso. E vuole qualcuno con cui muoversi. Che momento stupendo per mettersi a danzare!

Nonostante tutte le stranezze che stanno succedendo nel mondo, non è tempo per nascondersi. Non è tempo di tirarsi indietro. Ora, adesso, l'energia vuole muoversi e più che mai sente l'attrazione della creatività. Lasciate che si muova con voi. Fatela fluire con voi. Tanto, in un modo o nell'altro, lo farà. Sta a voi adesso decidere come volete che l'energia vi serva.

Volete che vi serva portandovi trambusto nella vita? È solo energia in movimento. Volete che vi serva portandovi caos nel corpo? *Non ha importanza*. È solo energia in movimento. O volete essere il Maestro che sceglie, che è conscio e consapevole di sé e del mondo che lo circonda, conscio di fare scelte?

Danzate, questa sera. Urlate e gridate. Abbaiate come un cane. Usate le corde vocali – quello sì che fa muovere l'energia. Aprite un'attività. Aprite una scuola. Fate qualcosa, qualunque cosa, perché c'è una quantità pazzesca di energia e non chiede altro che muoversi.

Vi rendete conto di quanta frustrazione, desideri, passioni ed energia repressa avete? È imbottigliata dentro di voi e ora vuole giocare! Scrivete un libro, fate una passeggiata nel parco, ridete per il solo piacere di ridere, cantate alla luna – basta che facciate qualcosa!

E ora, la metterete in pratica? Cosa volete fare nella vita? Cosa volete? Siete stati nel "punto morto" – morto riguardo a tutto – ma ora state andando oltre. Incomincerete a sentirlo nel corpo e nei sogni. Incomincerete a sentire una spinta da dentro. Non sono io; è il tuo sé. E, allora, come metterete in pratica questa energia? Va bene metterla in pratica chiedendo, ad esempio, maggiore energia? Assolutamente sì!

Ora non avete più solo tre desideri da chiedere; ne avete quanti ne volete.

Sapete che cosa vi stanca? Forse sono io [*ride*], ma quello che vi stanca veramente è *pensare*. Pensare vi stanca più di ogni altra cosa.

Quando vi immergete in un mare di pensieri si innesca un meccanismo energetico che vi rende molto stanchi. L'attività fisica, in realtà, *non* vi stanca. L'attività fisica, se fatta in modo equilibrato, in realtà dovrebbe attirare ancora più energia. Il corpo la porta dentro, elimina quella vecchia, bloccata, un'energia piena di tossine, e vi rivitalizza. Pensare troppo vi esaurisce. Un buona cosa per non pensare è non pensarci.

A questo punto aggiungo una piccola nota. Tutto questo avverrà naturalmente. Non c'è da studiare. Non c'è da lavorarci su. Succederà in ogni caso. Vi sto solo dicendo cosa succederà, in modo che voi possiate essere un po' più consapevoli e meno spaventati. A volte vi potete preoccupare perché vi sentite un po' fuori fase. Succederà in ogni caso, dunque potete scegliere di inspirare l'energia, comprendere che siete stati voi a creare gli schemi energetici e di consapevolezza e poi godervela invece di opporre resistenza. Fa tutto parte del naturale processo del risveglio.

INTENSITÀ

L'energia vuole muoversi; quindi la vostra vita si farà più intensa. Intensa non significa brutta. Intensa non significa folle. In effetti, significa essere più consapevoli che mai. State diventando più consapevoli riguardo a tutto. Ora, adesso, state diventando più consapevoli di voi stessi in modi molto diversi. Ora, adesso, state diventando consapevoli che esistono altri esseri intorno a voi.

L'intensità è realmente un grado più elevato di consapevolezza e quella consapevolezza richiama, in effetti, nuove e più ampie esperienze. Molti di voi hanno appena incominciato a lasciare entrare un po' di esperienze e questa cosa si espanderà. Saranno grandiose. Ricordate, voi potete scegliere. Volete che siano difficili, impegnative e dolorose? O volete che siano emozionanti, ricche di intuizioni e divertenti? A voi la scelta!

Sarà proprio l'intensità a ispirarvi. A volte potrà spaventarvi. Altre volte potrà sopraffarvi e vi chiederete se sarete in grado di gestire la vostra vita con tutto quello che vi sta succedendo. Se un'esperienza viene verso di voi, vuol dire che ve la siete creata. Quindi, sarete sicuramente in grado di gestirla. La logica divina dice che avete già avuto la risposta prima ancora di porre la domanda. Dunque, rilassatevi, inspirate la consapevolezza della risposta e smettetela di preoccuparvi così tanto.

L'intensità si presenterà dappertutto – nei sogni, nella vita quotidiana, nelle persone che incontrerete. Le persone che incontrerete non faranno più parte di una lunga lista di gente noiosa; sarà una lista di persone incredibilmente stimolanti, che vi ispireranno, qualche volta magari un po' pazze, ma sicuramente persone che sono attratte dall'energia che attraete voi. Arriveranno per servirvi – ricordate questa parola, "servirvi" – in qualsiasi modo vogliate.

Questa è una grande responsabilità. "Oh, Dio mio, io il creatore della mia vita?" è una grande responsabilità. Ma io vi dico, per esperienza mia e quella di Tobias e di Kuthumi e dei Maestri che stanno arrivando sulla Terra proprio ora, che poi vi chiederete perché mai avete sempre agito nell'altro modo. Forse dovevate capire cosa voleva dire essere un creatore non cosciente, in altri termini, non completamente consapevoli di come lo si faceva, ma lo stavate comunque facendo.

L'intensità diventerà palese nel vostro lavoro, nel vostro lavoro fisso, nel vostro lavoro spirituale, nel vostro insegnamento. Si paleserà in come vi esprimete, in come vi amate e in come condividete voi stessi con gli altri.

Con tutta questa intensità, vorrete prendervi del tempo per voi. In altre parole, ci sarà un moto velocissimo, un velocissimo espandersi di eventi nella vostra vita e, di conseguenza, vorrete prendervi del tempo per voi stessi. Un giorno o due, forse. O una settimana. Il motivo per cui ne parlo è che, dopo tutta questa intensità, tutte le vostre parti, i vostri pezzi avranno bisogno di riassettarsi. Avete aspetti di voi stessi, pensieri, sogni, energie, cambiamenti e trasmutazioni che si avvicendano molto rapidamente. Vorrete prendervi del tempo per voi, così che possiate riassestarvi e ritrovare un equilibrio.

Ogni tanto, e voi saprete quando, vorrete semplicemente fermarvi, starvene da soli, lasciare che tutto si normalizzi, che tutto si integri e vorrete nuovamente centrarvi. Il vostro centro si troverà in un posto diverso da dove era prima dell'intensità.

Tornate al vostro centro, integratevi, respirate e preparatevi per il prossimo round. Scoprirete che la durata della pausa di cui avete bisogno, il tempo per voi necessario, diminuirà sempre di più. L'integrazione avverrà in un modo più naturale. Ma quando sentite la voce interiore che vi dice di fermarvi, *ascoltatela.* Siete voi stessi a dire: "Ho bisogno di riassestarmi. Devo integrarmi."

SQUILIBRIO MENTALE

Lo squilibrio mentale è uno dei principali problemi che l'umanità deve affrontare adesso. C'è più squilibrio mentale pro capite e malattie mentali gravi che mai. Dobbiamo cercare modi nuovi per trattare gli squilibri psicologici.

Adesso la mente dell'umano è terribilmente stressata. Sto parlando delle persone nevrotiche, schizofreniche o psicotiche o qualunque altra etichetta sia stata appiccicata a loro. *Non* sto però parlando di quelli che sono nati con delle deficienze mentali. Quella è una categoria a parte.

Molti fra coloro che sono nati con delle deficienze o ritardi mentali stanno vivendo l'esperienza di un fattore karmico. Lo squilibrio mentale a cui mi riferisco qui è il risultato di troppo stress per il cervello. Ma se togliamo tutti gli strati per vedere che cosa sta succedendo veramente, scopriamo che lo squilibrio mentale è epidemico, perché è tempo di andare oltre la mente. La mente, il cervello è considerato, dalla maggior parte delle persone, la forma più evoluta dell'intelligenza umana. Non lo è per niente. Ci sono molte altre forme di intelligenza all'interno del Corpo di Coscienza che necessitano e vogliono essere partecipi dell'esperienza della vita umana.

A volte, quando vivete delle esperienze profonde o siete nel bel mezzo di una trasformazione, potreste pensare che forse state diventando pazzi. È facile che i medici vi etichettino come tali, perché non hanno idea di che cosa vi stia davvero accadendo e non capiscono.

Sulla Terra c'è un numero altissimo di persone che stanno vivendo questo tipo di squilibri. Molti di loro finiscono per prendere medicine, il che è solo una soluzione temporanea. Molti altri, invece, sanno che, a lungo andare, prendere medicinali può provocare più danni che non prenderli. Essi provocano più depressioni e persino più suicidi, perché bloccano un processo naturale.

Riflettete per un momento su cosa avete passato negli ultimi dieci, forse, venti anni, a causa del vostro risveglio. Avete passato periodi difficili, di depressione, autocritica e tutto perché il divino si stava risvegliando in voi e sfidava la mente? È la mente che tiene il controllo e cerca di far ordine nel caos, ma non ci riesce. È fuori uso, troppo stressata e, allora, agli umani che si stanno risvegliando e che non hanno idea di cosa stia succedendo, vengono diagnosticati dei problemi mentali.

Lo squilibrio mentale sta raggiungendo proporzioni epidemiche sulla Terra e qualcosa deve venir fuori, o attraverso un'esplosione di energia, o attraverso un'integrazione di energia.

Quando vi chiedo di avere fiducia in voi stessi, intendo anche il lasciar andare il controllo della mente. Quando trascendete il bisogno di controllare il mondo interiore e quello esteriore con la mente, quando vi espandete nello spazio dell'Io Sono, che è la fiducia nel sé, andate a incidere sulla consapevolezza. Allora, cambierà il modo in cui gli umani trattano gli squilibri mentali e, potenzialmente, questo influirà sul lavoro che farete in futuro.

IL SOGNO ATLANTIDEO

State con me solo per un momento e vediamo che cosa vi si presenterà nella via. Noi che non siamo incarnati in Terra vediamo su di essa importanti tendenze e movimenti energetici. È come se stessimo in cima a una collina e osservassimo cosa succede giù a valle. Per voi, parte della squadra terrestre, può essere difficile vedere cosa sta avvenendo.

Quello che noi vediamo è il compimento del sogno atlantideo. Nel sogno atlantideo vi è la vera libertà per ogni essere umano.

Vediamo la nuova energia che arriva sulla Terra. Vediamo gli umani che mostrano compassione gli uni verso gli altri come non era mai accaduto prima. Vediamo un mondo capace di sfamare tutti; un mondo che dà le stesse opportunità a ogni umano; un mondo tollerante verso tutte le vie di ritorno a Casa, qualunque sia il credo, qualunque sia il retroterra culturale o religioso. Vediamo un mondo che onora tutte le vie che portano a Casa, che rispetta il viaggio di ognuno. Anche se le Guerre di Dio sono ancora violente, questo aprirà la strada, negli anni a venire, a una nuova compassione e accettazione.

Vediamo arrivare, nell'arco della vostra vita, un mondo libero dai dittatori. Vediamo un mondo che non sopporterà più armi in grado di distruggere la Terra premendo un bottone. Vediamo arrivare, nell'arco della vostra vita, un mondo che accetta di prendersi la responsabilità della Terra, del ruolo che, finora, è stato portato avanti da Gaia, ma che ora passa agli umani, i quali avranno cura della Terra e la nutriranno.

Vediamo arrivare un mondo, nell'arco della vostra vita, con una nuova fonte di carburante, non dipendente dal petrolio che causa inquinamento, instabilità politica e crisi economiche. Vediamo un mondo libero dalla dipendenza del petrolio.

Ci saranno esseri angelici provenienti da tutta la creazione che non sono mai stati sulla Terra e che si incarneranno per la prima volta. Questi nuovi esseri non dovranno subire le prove, le tribolazioni, le sofferenze e la perdita di memoria come quelli che sono venuti prima di loro, perché voi avete preparato per loro un posto bellissimo dove stare. Voi avete preparato la consapevolezza in cui accogliere i nuovi esseri. Avete preparato la Terra per accogliere i nuovi esseri, in modo tale che la loro scoperta dell'"Io Sono" sia dolce, gioiosa e molto più facile di quanto quest'esperienza lo sia stata per voi.

Vediamo arrivare un mondo, nell'arco della vostra vita, dove c'è abbondanza, equilibrio e la vita stessa viene celebrata. Ci sarà eguaglianza e onore per il femminile e per il maschile, per ogni razza e colore, per ogni misura, forma, retroterra e credo.

Noi vediamo arrivare, nell'arco della vostra vita, un mondo dove l'amore non è più represso; dove l'amore non è più manipolato; dove gli umani possono esprimere reciprocamente l'amore, apertamente e liberamente, senza energie sessuali contorte, senza usare l'amore come causa o scusa per gli abusi.

Vediamo che la consapevolezza umana non tollererà più coloro che non sono disposti a guardare l'amore che hanno dentro di sé, quelli che rubano l'energia agli altri, quelli che abusano degli altri, quelli che cercano solo il potere e quelli che sopprimono la gioia negli altri.

La consapevolezza di questo mondo non li tollererà. Non userà modi duri, ma semplicemente dirà: "Una tua reincarnazione non è più ben accetta. Ora non sei più ben accetto in questo incredibile Pianeta Terra." Per loro ci sarà un altro posto dove andare; un posto dove potranno far agire il loro dramma; dove potranno far agire lo squilibrio della loro oscurità; dove potranno far agire la loro ricerca di Dio in qualunque modo orribile lo desiderino fare, perché la Terra sarà il luogo dei creatori sovrani e amorevoli.

La transizione da ciò che voi vedete nel mondo a ciò che noi vediamo nel mondo negli anni a venire, naturalmente causerà sconvolgimenti da parte di chi vuole continuare a rimanere attaccato alle vecchie modalità, di chi ricava piacere dalle sofferenze altrui. Loro cercheranno di resistere, ma non ce la faranno. Cercheranno di usare ogni tattica possibile per creare confusione e far sbilanciare gli altri, ma non funzionerà. Non funzionerà. In ultimo, cercheranno di negoziare di rimanere qui sulla terra, ma non è più il tempo dei negoziati. È il tempo della compassione e della comprensione, ma non dei negoziati, perché la Terra sarà un giardino di compassione. Questa Terra sarà la nuova scuola dell'"Io Sono" – nell'arco della vostra vita.

Io ringrazio e onoro ognuno di voi per quello che avete fatto, per rendere possibile tutto questo. Ve lo dico perché sappiate che il vostro sogno – il sogno di Atlantide – si sta avverando. Ve lo dico perché vi possiate preparare per la nuova era, perché possiate procedere, invece di preoccuparvi di cosa vi porterà il futuro.

Dai tempi di Atlantide, c'era stato il sogno di una nuova era, di un nuovo potenziale sulla Terra. Il sogno atlantideo è la realizzazione della Nuova Terra e della nuova energia. Il vostro sogno è di insegnare, di essere delle guide e degli Standard per altri, ora, in questo tempo. Vogliono sapere che un altro umano è venuto prima di loro, che un altro umano ha percorso il sentiero difficile e che ce l'ha fatta. Ecco perché siete e sei qui.

Ho chiesto [*nel workshop*] di lavorare sul *toning*[6] per aiutarvi a connettervi con il luogo più prezioso che è dentro di voi, per sentire la vostra risonanza, la vibrazione della vostra anima, l'anima che, per così tanto tempo, è rimasta nascosta e che ora si sta integrando in voi. Ho chiesto di fare il *toning* perché possiate ricordare chi siete, perché siete qui e cosa sta accadendo su questo pianeta adesso.

Ho chiesto di fare il *toning* perché è un modo per integrare il vostro Corpo di Coscienza, la consapevolezza "Io Sono" del sé e per poi esprimerlo apertamente e gioiosamente. Ho

6. Vedi Glossario.

chiesto di fare il *toning* perché può aiutarvi a capire come sia semplice smettere di *pensare* allo Spirito e all'"Io Sono" e semplicemente *esserlo*. Per quante vite avete studiato, studiato e ristudiato lo Spirito, Dio e l'"Io Sono", finché alla fine di tutte quelle vite vi ritrovate ancora con un vuoto, non è vero? Così siamo passati all'*esperienza* tramite il *toning*.

Così alcuni di voi si sono resi conto che, facendo il *toning*, accade anche dell'altro. Quando risuonate, quando siete nel tono, quando portate l'"Io Sono" nella realtà, viene anche attratta quella cosa che noi chiamiamo nuova energia.

La nuova energia è una cosa elusiva che neanch'io so definire. La nuova energia è il risultato della vostra nuova consapevolezza. Quando lo fate, il *toning* richiama la nuova energia e letteralmente la porta qui, la radica dritta dentro di voi. Scoprirete come lavora e non è per niente come la vecchia energia con gli steroidi. È una vera e propria nuova energia. Quindi, quando fate il *toning*, fate quella connessione che richiama la nuova energia e la porta nella vostra vita.

Sono davvero colpito dal lavoro che avete fatto, non solo in questa vita, ma in tantissime vite. Vorrei che non si parlasse e basta di quello che vediamo arrivare sulla Terra. Vorrei che voi lo sperimentaste – che sperimentaste questa Terra che è il compimento del sogno atlantideo, questa Terra che è tutto quello che voi avete sognato – un posto di pace, un posto di apprendimento, un posto di amore, e un posto che potete chiamare Casa.

Capitolo Quattro

L'ALCHIMIA DELLA LUCE E DELL'OSCURITÀ

LUCE E OSCURITÀ

Su cosa verte quest'avventura? Sulla luce e sull'oscurità.

Sento un continuo parlare dell'"essere nella luce". Di che cosa si tratta? Di essere solo una metà di sé stessi? Di avere paura? Di scappar via dall'oscurità? Di fuggire da sé stessi? Sapete quale fu il vero ostacolo dei Catari[7]? I Catari erano soltanto nella luce. Quindi, secondo la fisica spirituale, come ben sapete, che cosa è successo? Hanno attratto l'oscurità. Hanno attratto l'oscurità, perché oscurità e luce sono la stessa cosa. Non potete avere l'una senza l'altra.

Anni fa Tobias disse: "La tua oscurità è la tua divinità." La vostra divinità ha la compassione di trattenere e amare tutto quello che non amate di voi stessi. Ogni vostra parte che considerate buia, ogni azione e ogni atto che aborrite, ogni creazione che ripudiate e che gettate nella categoria della vostra oscurità è, in realtà, accolta dalla vostra divinità. La maggior parte delle persone non vogliono sentirsi dire che la loro oscurità è la loro divinità. Pensano alla loro divinità solo in termini di luce. Ma, cari amici, la vostra divinità vi ama incondizionatamente, a prescindere da tutto. Ama perfino la vostra oscurità e sta aspettando il momento in cui lo farete anche voi, coscientemente.

---

7. La setta religiosa cristiana della regione francese della Linguadoca, dal XI al XIII secolo.

Non potete avere la luce senza avere l'oscurità, anche se in molti ci hanno provato. Ogni volta che sento il grido di battaglia degli "operatori di luce", so che, inevitabilmente, dovranno affrontare la loro oscurità. Oh sì, e alcuni hanno cercato di andare solo verso l'oscurità e hanno attratto la luce. È naturale. Alcuni di voi fanno questo viaggio perché credono di dover scoprire la dea femminile del loro sé. Che accade allora? Attraggono l'energia maschile. Ecco come funziona.

Recentemente ho detto che il viaggio riguarda la luce e l'oscurità. *Cauldre*[8] ci ha pensato e mi ha chiesto: "Stiamo tornando alla scuola elementare della metafisica? Non lo avevamo fatto dieci anni fa?"

In un certo senso lo avete fatto, ma lo avete fatto intellettualmente, in un modo mentale. Avete detto: "Io non ho più paura dell'oscurità." Ma continuate a scappare dall'oscurità. Stavate filosofeggiando sull'oscurità, ora state per farne l'esperienza. Siete pronti a fare l'esperienza del vostro lato oscuro? Siete pronti a guardare ogni vostra parte, non solo la luce? La luce è meravigliosa, ma per essere completa deve avere l'oscurità. Siete pronti a lasciar andare quello che pensavate fosse l'oscurità?

Voi dite "sì", ma, visto che stiamo tutti lavorando con le energie, quello che sto dicendo qui è di tirar fuori l'oscurità che c'è in voi, le parti di cui vi vergognate, quelle colpevoli, ferite e doloranti, quella parte di voi che ancora si chiede se l'oscurità è più potente della luce. Oh, dev'essere così, visto che scappate sempre dall'oscurità. E ogni volta vi nascondete sotto il mantello della luce. Uno dei grandi errori delle chiese, secondo la mia umile opinione, è che hanno posto l'accento solo sulla luce, anziché su tutto l'essere. Non includono l'o-

8. Geoffrey Hoppe, vedi Glossario.

scurità nelle loro funzioni e cerimonie. Ma la polarizzazione della luce attrarrà, naturalmente, l'oscurità.

Che cos'è l'oscurità? L'oscurità è solo energia. È lo specchio originale che avete creato per vedere la luce. La luce è lo specchio che avete creato per vedere l'oscurità ed è ora di rimetterle insieme. È ora di smettere di correre. Non c'è da stupirsi se tante persone che conoscete sono perplesse del lavoro che fate, è perché stanno ancora scappando via dall'oscurità. Percepiscono che vi state avvicinando all'integrazione della luce con l'oscurità e così dicono che fate cose oscure, che giocate col diavolo. E lo state davvero facendo, perché è ora di riportare insieme la luce e l'oscurità. Quando lo farete, vi renderete conto che l'intero concetto di dualità – di luce e oscurità – era solo un'illusione.

L'oscurità non è quello che pensate che sia e la luce non è quello che pensate che sia. Il concetto di bene e male, l'idea di essere qui sulla Terra per una specie di punizione, il concetto di uscire dalla vostra condizione umana negando a voi stessi l'essenza della vostra umanità e tutte le benedizioni connesse allo stato di essere umano, sono tutti concetti tanto vecchi e, ancora, tanto inchiodati alla terra. Sono ancora tutti qui.

I Catari conoscevano molti misteri antichi. Avevano capito il divino, ma solo in parte. Avevano creato uno squilibrio in sé stessi perché avevano negato il sé umano, avevano negato l'esperienza umana. Erano davvero come voi, in molti sensi – *erano* te, in molti sensi. Sapevano che c'era l'evoluzione dell'anima, o reincarnazione, ma la reincarnazione non era considerata una cosa buona; era considerata una punizione. Negavano la realtà fisica. Negavano quella bellissima cosa che si chiama sesso e amore del corpo. Negavano la benedizione di questa vita sulla Terra. Questo squilibrio aveva creato il loro inferno, il loro supplizio, la loro stessa problematica con la luce e l'oscurità.

LA VIA

Io non avevo avuto problemi con l'istituzione originale della Chiesa, o Via, finché non si sono insinuati gli sbilanciamenti dell'energia sessuale, la dualità, i giochi di potere, le manipolazioni, i dogmi, le distorsioni e il controllo. Allora sì che ho avuto problemi. Ai primi tempi della Via, io ero uno dei suoi più grandi sostenitori e lo eravate anche voi, finché non si incominciò a intervenire sulle problematiche profonde del dualismo luce e ombra. Hanno incominciato a credere che loro fossero luce e tutti gli altri e tutto il resto fossero oscurità.

Non appena coloro che governavano la Via hanno incominciato a impadronirsi del concetto dualistico di luce e ombra, la speranza originale della Via incominciò a perdere la sua base di amore. Le radici della Chiesa si trasformarono in spine e fino a oggi tutte le chiese, a parte poche eccezioni, fanno il gioco della luce e dell'ombra.

Dicono che Dio è solo luce. Come potrebbe Dio essere solo luce se esiste l'oscurità? Hanno creato il gioco di un Dio in paradiso, ma hanno creato anche un Satana all'inferno. Hanno condannato il viaggio umano a un qualcosa di debole e patetico. Oh, e non lo è. È bello. È magnifico. Dicono che lo scopo era di ritornare nella grazia di Dio, ma essere in una forma fisica umana è il più grande dono che voi vi possiate fare. È un'esperienza e voi non siete in trappola. Non c'è bisogno di redenzione, solo di accettazione.

Quando la Chiesa ha incominciato a giocare il gioco della luce e dell'ombra, abbiamo assistito a una grande divisione all'interno della Via e, infatti, è stato allora che demmo vita alle Scuole Misteriche, per insegnare qualcuna delle vie originali. Ma non sono per nulla un mistero. Il mistero era come trovarci. Questo è tutto. La nostra postazione fisica era l'unica parte misteriosa. Nient'altro era davvero un mistero. E poi, suona provocatorio. Quando diciamo che abbiamo aperto una Scuola Misterica, tutti vogliono iscriversi. Una volta che sei lì, non c'è niente di misterioso. Il più grande mistero con la nostra attuale *Mystery School* è come riuscire a pagarla!

Il mondo è sedotto dal concetto dualistico di luce e ombra, ma questo cambierà. E *questo* sì che sarà sgradevole. Vedete, c'è luce sopra la testa di tutti e proietta un'ombra – luce e ombra che lavorano insieme. Alcuni di voi indossano vestiti sia chiari che scuri. Giocano insieme – chiara la maglietta, scuri i pantaloni.

Luce e oscurità hanno bisogno l'una dell'altra. Provate a immaginare, e se ci fosse solo la luce? Niente avrebbe spessore e profondità. E se ci fosse solo il buio? Ci sarebbe una sorta di vuoto. Luce e oscurità lavorano insieme.

Prendetevi un momento oggi per osservare letteralmente la luce e il buio. Osservate come la luce dei raggi del sole cade sugli edifici, sull'erba, sulle altre persone. Osservate come gioca con l'ombra. Osservate come effettivamente si amino. Sono realmente la coppia più bella. Non c'è da essere troppo esoterici a riguardo. Luce e ombra. Se guardate fuori dalla finestra vedete l'ombra degli alberi. Le ombre danzano. Osservate la luce sulle foglie che illumina la bellezza della natura.

Oggi dedicatevi a fare delle cose semplici. Quando uscite, siate consapevoli. Prendete degli appunti. Fate dei disegni. Prestate attenzione a luce e ombra, come giocano insieme, come la luce e l'ombra creano l'illusione della realtà. Quando scende la notte e avviene il cambiamento, quando la luce lascia spazio all'oscurità, guardate come il gioco cambia. Osservate come, nel buio profondo, la luce apporta un significato e lo definisce. Osservate come la danza cambia, ma è ancora danza.

Non appena vi dedicate a questo semplicissimo osservare, incomincerete a notare non solo la luce pura, lo spettro della luce, ma incomincerete a notare come *voi* giocate con la vostra luce e la vostra oscurità, ogni giorno e in molti modi. Questo spiega perché la negazione della vostra oscurità, prima o poi, diventa un gioco crudele con sé stessi. La negazione della vostra oscurità, in effetti, vi soffoca. Inoltre, vi rende squilibrati e ogni qualvolta qualcosa non è in equilibrio, arriverà qualcosa'altro a riportarla in equilibrio. È pura e semplice fisica spirituale. Ogni volta che non siete in equilibrio, arriverà qualcosa che vi riporterà in equilibrio.

Naturalmente, opporrete resistenza, perché credete che quel qualcosa sia un'intrusione. In realtà è una vostra creazione che cerca di riportarvi in equilibrio. Ecco perché Tobias ha detto: "Tiratevi fuori dalle vostre modalità". Voi cercate di sanare, aggiustare, riparare tutto, ma questo si basa già su un pregiudizio – uno squilibrio o una tendenza verso la luce, ad esempio – quindi cercate sempre di rimanere luminosi, buoni e giusti. La realtà è che, dentro di voi, c'è una forza naturale che vi riporta in equilibrio. Ma poi, voi opponete resistenza, la combattete, fuggite e il gioco continua.

INTEGRAZIONE

Come si va in paradiso? Attraverso l'incarnazione fisica sulla Terra. Fondendo ogni aspetto di voi nel momento dell'Adesso. Accettando voi stessi – ogni cosa di voi. Vivendo la vostra vita al massimo nel momento presente.

Ai tempi di Atlantide l'obiettivo era essere un umano, essere uno Spirito manifesto nel corpo e nella mente. Era una sfida per il vostro spirito rimanere dentro la materia fisica, quindi molte delle attività atlantidee vertevano sul rendere onore al percorso fisico magnificandolo. Il corpo divenne un tempio.

In seguito, avvenne che, una volta giunti sulla Terra, vi siete messi a negare la vostra parte umana. I Catari, i Perfettissimi, credevano che tutto sulla Terra fosse malvagio, che qualunque cosa avesse a che fare con la carne, perfino con la bellezza della natura, fosse male. Forse temevano le sue energie di seduzione. Essi crearono il loro personale dio del mondo, il diavolo e tutto ciò che riguardava il vivere nella realtà fisica divenne una lotta.

Ma perfino quei Catari che si concedevano qualche indulgenza – un po' di sesso ogni tanto, il gusto di una buona mangiata e altri piaceri terreni – perfino loro credevano che l'esperienza umana fosse una brutta cosa. Le Chiese, naturalmente, rinforzarono questo concetto parlando di peccato e di debolezza della carne, così ora è una credenza molto comune: Dio è perfetto, gli umani sono imperfetti.

Molte, moltissime persone sono pronte ad andarsene, aspettano di andare dall'altra parte, credendo che l'Utopia sia in qualche regno lontano. Quando un normale umano lascia la Terra, lascia il corpo dietro di sé, ma rimane nella medesima consapevolezza. Si porta con sé quel tipo di consapevolezza, va dall'altra parte e, spesso, rimane deluso di non trovare un paradiso leggiadro e perfetto. Per la maggior parte degli umani è più o meno la stessa cosa di quando erano in Terra, ma senza il corpo fisico.

Pensa che frustrazione! Passano tutta la vita a cercare di essere perfetti, cosa che non sarà mai, a pregare un Dio, che non è quello che pensano, a chiedere perdono quando non ce n'è bisogno; arrivano dall'altra parte e trovano le stesse cose che avevano sulla Terra. Non c'è da stupirsi che si reincarnino di nuovo sulla Terra così in fretta!

Ora, adesso, la consapevolezza sta cambiando e sta cambiando perché esseri ispirati, come voi, hanno preso coscienza che il cambiamento si fa qui. Avviene qui. Non c'entra con la negazione della vostra essenza umana; c'entra, invece, con l'amarla, esprimerla, goderla e, soprattutto, giocarci insieme.

C'entra con l'integrazione che avete qui nel momento dell'Adesso. Non perfezione, ma integrazione. Se state cercando la perfezione, vi toccherà vivere molte vite qui sulla Terra. Non esiste la perfezione; esiste l'accettazione. È un principio molto semplice, ma, per chissà quale motivo, gli umani non vogliono crederci. Vogliono credere che c'è ancora qualcos'altro da studiare, qualcosa per rendere perfetto il loro corpo, qualcosa che devono realizzare, qualche sacro mistero da capire. Davvero, non c'è altro sacro mistero se non che anche voi siete Dio. È così semplice che mi viene da piangere per voi.

AUTOGUARIGIONE

Cosa potete fare adesso? Per prima cosa, respirate. Quella è sempre una cosa buona da fare. Imparate che quello che succede da un punto di vista globale, succede anche a voi.

Come siete messi con le *vostre* Guerre di Dio? In altre parole, a cosa credete? Come siete messi con l'integrazione del vostro lato umano con quello divino? Simbolicamente, lo si potrebbe definire come l'intersezione del vostro aspetto umano (linea orizzontale) con quello del vostro divino (linea verticale). A che punto siete nell'integrazione delle due linee? Riuscite a metterle insieme?

Questa non è solo la croce cristiana. Questo è un simbolo molto antico del cielo e della terra che si congiungono, come succede proprio con voi, qui. Non accade perché studiate dei libri o seguite dei corsi. Accade perché siete abbastanza audaci e impavidi da dire: "Sono pronto a fare l'esperienza." *Esperienza.* Pronto a fare l'esperienza, non a pensare o a studiare.

Man mano che fate l'esperienza di ciò che il vostro proprio Dio manifesta, di come sia la vostra divinità, liberatevi di ogni sistema di credenza. Lasciate andare ogni vecchia ipnosi a riguardo, perché non sarà quello che voi vi aspettate che sia. Non troverete mai Dio in un libro. Ho conosciuto tante di quelle anime, sulla Terra e negli altri regni, che stanno ancora studiando Dio. È coercitivo. Studiare Dio è un comportamento coercitivo e non scoprirete mai Dio in niente di ciò che studiate, in nessuna delle vostre pratiche, in nessuna delle vostre erbe, in nessuno dei vostri gruppi, in nessun'altra vostra cosa, se non in voi stessi. *È un'esperienza.*

È un'esperienza che vi può catapultare per sempre fuori dal vostro corpo. Si chiama ascensione.

D'altro canto è un'esperienza che può radicarvi così tanto alla Terra e rendervi così vivi da farvi trascendere il bisogno di una morte fisica. In altre parole, vi permettete di vivere e godere la vita qui, fino a quando non prendete la decisione consapevole di andarvene, che non è determinata da quanto siano resistenti il corpo e la mente, ma da quello che volete voi.

Perché il corpo sembra tradirvi? È una questione di credo. Lo combattete mentalmente, ma non vi siete permessi l'esperienza di *sentire* come si sta a essere completamente nel corpo. Come la Terra è il corpo di questo pianeta, la vostra biologia è il corpo della vostra anima. Se invecchiate, vi guardate allo specchio e dite: "Dio mio, cosa mi sta succedendo?" Amate il vostro corpo. Sperimentatelo. Beneditelo. Non vuol dire che lo farete invecchiare più velocemente; vuol semplicemente dire che capovolgerete certe vecchie credenze, certi vecchi processi.

Il corpo è molto incompreso. Gli umani hanno dimenticato come guarire il loro corpo. Nella *Standard Technology* [*un workshop di Tobias e Adamus*] si parla di come dare il permesso al corpo di guarire da solo, smettendola di infliggergli un sovradosaggio di medicine e integratori. Come gli umani devono prendersi la responsabilità del pianeta, così è arrivato il momento che voi vi prendiate la responsabilità del vostro corpo.

Incominciate a parlare al vostro corpo. Sul serio. Non maleditelo – non ho detto di maledirlo, ho detto di parlargli – "Caro corpo, tu sei un aspetto di me. Caro corpo, tu sei il meccanismo di una parte del piacere di essere qui sulla Terra. Caro corpo, tu sai come guarirti da solo perché io l'ho progettato in te."

Incominciate a parlare al corpo; senza dare degli ordini, senza chiedere nulla, senza compiangerlo, ma semplicemente ristabilendo la connessione con il vostro corpo. Gli umani sono cosi staccati dal corpo e questo fa parte dell'ipnosi totale. "Il mio corpo va in una direzione, anche se io vado in un'altra direzione." "Il mio corpo sta morendo." "Il mio corpo ha bisogno di un aiuto esterno." Questo è il tipo di dialogo che avete ora con il vostro corpo. Incominciate a parlargli in modo diverso e lui tornerà a vivere. Il vostro corpo si guarirà da solo. Non dovete preoccuparvi di problemi di peso. Non dovete preoccuparvi di problemi di salute. Incominciate a parlare al vostro corpo.

Il corpo ha delle componenti divine che non sono state in equilibrio per molto tempo. Ha un lato femminile molto importante e un lato maschile altrettanto importante. Pensate a voi stessi come uomo o donna. A volte *pensate* al vostro maschile o al vostro femminile come un vostro altro aspetto, ma vi dimenticate di portarlo dentro al corpo. Sei maschile, sei femminile, anche se hai un corpo che quando lo guardi allo specchio ti dice: "Io sono un uomo." In realtà voi siete entrambi i sessi, siete il maschile e il femminile.

Quando ricomponete insieme questi due elementi, il vostro corpo ritroverà un nuovo equilibrio e una nuova armonia con sé stesso. Non occorre che lo riempiate di tutte quelle medicine, terapie, droghe, mantra e di tutte le altre cose che gli date. Riportatelo alla sua completa natura divina.

Se lo fate, si apriranno le naturali capacità risanatrici. Non avrete più un aspetto femminile e uno maschile, insieme, nel vostro essere. Il concetto di dualità, il concetto di divisione svanisce. Non sarete più un uomo *o* una donna. Non avrete più bisogno di quel tipo di identificazione e adesso il vostro corpo ritornerà alla vita e potrà fare quello che deve fare.

So che molti di voi sono affascinati dall'energia della dea. "Riportiamo la dea in noi." Ma forse è tempo di lasciar andare la dea e il dio. Di lasciar andare completamente il bisogno della separazione. Entriamo nel Corpo di Coscienza unificato.

ABBONDANZA

Anche l'abbondanza ha a che fare con il fluire. Ha a che fare con il permettere alle energie di entrare e di lasciarle fluire in voi. I metafisici, in particolare, hanno dei grandissimi complessi nei confronti dell'abbondanza. È un blocco mentale, è parte dell'ipnosi a cui ancora vi aggrappate. E continuate a dire: "Ma io ho provato tutto quello che Tobias mi ha detto di fare e sono ancora al verde."

Innanzi tutto, fate un respiro profondo e fate in modo di *sentire* l'abbondanza. Sentite l'abbondanza. È un diritto dato da Dio – o dato dal Sé. In questo mondo circola una gran quantità di energia e una gran quantità di abbondanza. Molti sono squilibrati con una tendenza verso la "mancanza", proprio come sono squilibrati con la luce. Vi è stato detto che l'abbondanza è una cosa non bella o spregevole, o che non sei spirituale se sei nell'abbondanza. E siccome la vostra passione e il vostro desiderio spirituale è più forte di qualunque altra cosa, credere che il denaro possa sporcare la spiritualità è ciò che causa la mancanza. È una profezia che si auto-realizza. Potete scegliere di lasciarla andare. Nella mia vita come Conte di Saint-Germain, io ero esageratamente ricco ed ero anche spirituale. Si potrebbe dire che ero un Maestro ricco e fiero di esserlo.

L'abbondanza vi permette di godervi la vita, che voi siate qui sulla Terra o negli altri regni. Che ci crediate o no, l'abbondanza è una cosa meravigliosa negli altri regni. Non avete bisogno di denaro, ma di abbondanza di sentimenti, abbondanza di spirito, abbondanza di esperienza – fa tutto parte dell'abbondanza. Quando limitate voi stessi riguardo all'abbondanza economica, limitate la vostra capacità di fare esperienza di vita. Quando limitate l'abbondanza economica, limitate anche il potenziale per l'abbondanza nei rapporti, nella carriera, nell'insegnamento, nell'espressione creativa, nella salute, ecc. Limitate ogni aspetto dell'abbondanza.

Ora, credete davvero, o sentite, che lo Spirito manchi di abbondanza? No! Quindi, nemmeno voi. *Potete scegliere di superare questo punto*, ora, adesso. Potete scegliere di fare l'esperienza dell'abbondanza. Ah! Il blocco mentale. Dice: "Ma come? Non ho un buon lavoro. Non ho un parente ricco in punto di morte. Non so come. Non ne so nulla di soldi." Lasciate andare queste cose. Lasciatevi andare all'esperienza. Vi stupirete di come l'abbondanza verrà a voi.

Capitolo Cinque

LA MAESTRIA DEL SÉ

LA VERA MAESTRIA

Che cos'è la Maestria? È l'abilità di creare e sperimentare la propria realtà in questo regno. È l'abilità di lavorare con l'energia in qualunque modo voi scegliate, senza le limitazioni del destino, fato o karma. Maestria è conoscere la propria essenza, il Sé dell'anima e poi capire come l'energia si rapporta alla vostra consapevolezza. La Maestria, naturalmente, non è Maestria sugli altri, è Maestria sul proprio sé.

A chi è arrivato qui [*al workshop*], sono capitate delle esperienze interessanti, delle sfide nel proseguire su questo sentiero e per arrivare in questo posto fisico. Si sono aggiunte difficoltà con il sistema audio, le luci, l'elettricità all'aeroporto, ritardi nei voli, bagagli persi e confusione mentale. Tutto ciò è indicativo di quello che sta avvenendo nella vostra personale zona del risveglio. Non siete sicuri di cosa volete veramente né di chi siete veramente. Non siete in contatto con voi stessi. Le energie si raccolgono intorno a voi, vogliono servirvi, ma non sanno esattamente come. Sono fuori equilibrio. Sono fuori fase in questo momento, ma solo temporaneamente.

La Maestria è quando realmente comandate alle energie di servirvi. Ne abbiamo parlato recentemente alla *Mystery School*. Alcuni studenti della *Mystery School* avevano difficoltà a comandare le energie. Erano timidi, impauriti di comandare DAVVERO alle energie di servirli.

Comandate l'energia dicendo a voce altissima e decisissima: "***Io ti comando di servirmi.***" e lei vi servirà. Vi servirà, ma voi dovete dirlo dal profondo con convinzione, non implorandola di servirvi, ma *comandandole* di servirvi.

Alcuni di voi hanno ancora dei problemi a comandare. "Come posso comandare l'energia? Non è giusto. Potrei usarla male. Forse ci metto troppa forza. Forse è deplorevole comandare l'energia." Comandare l'energia potrebbe far scattare una leva di qualche vita passata o di questa vita, quando avete usato male l'energia o ne avete abusato.

Volete capire davvero la Maestria? So che lo volete ed è proprio per questo che io sono qui. È per questo che mi piace divertirmi così tanto insieme a voi.

USCIRE FUORI DALLA MENTE

Per incominciare a sperimentare la Maestria è importante uscire dalla mente, andare oltre il processo del pensare. So che lo avete sperimentato fino a un certo punto. C'è qualcosa di più grandioso della mente. Chiamatela intelligenza divina, intuizione o sapienza divina, comunque sia è molto, molto più grandiosa. La buona notizia è che state incominciando a farne l'esperienza.

Dovete andare oltre la mente, perché la mente non può assolutamente comprendere dove state andando ora, nella vostra ascesa spirituale. A un certo punto vi raggiungerà e si integrerà. Praticamente, la vostra vecchia mente si espanderà – si libererà delle vecchie energie e poi si espanderà – per integrarsi con la vostra divina intelligenza, ma dovete uscire dalla mente. Come ben sapete, questo alla mente non piace. Ne abbiamo parlato tantissime volte. La mente vuole controllare.

La mente non conosce né capisce la grazia. Il cuore e l'anima conoscono la grazia, ma la mente no. La mente cerca di manipolare la grazia. La grazia fluisce naturale e senza sforzo. È una risonanza che nasce nel profondo del vostro essere e pervade qualsiasi cosa. La mente non la conosce, ma la divina intelligenza la conosce molto bene.

Ora, adesso, state attraversando il processo di andare oltre la mente. Quando intorno a voi vedete il caos, quando il computer non funziona bene, quando ci sono problemi di traffico e di ritardo nei voli e tutte le altre cose, probabilmente è perché a un qualche livello state cercando di controllare la grazia. Non cercate di *non* controllare la grazia, perché quello è il controllo del controllo e quello sì che manderà in confusione le energie. È naturale voler cercare di controllare la grazia, ma, poi, vi renderete conto che non potete. Dunque, dovrete lasciar andare, rinuncerete a cercar di controllare e solo allora sperimenterete la grazia e farete l'esperienza di quel flusso.

VIVERE COME UN MAESTRO

Il passo seguente è difficile da spiegare, ma riguarda la connessione con sé stessi. È difficile da spiegare perché la spiegazione tende a renderlo mentale, ma io so che ognuno di voi ha fatto un'esperienza, abbastanza di recente, di quella connessione, quell'integrazione profonda, quel sentire in cui stai davvero ritrovando il contatto con te stesso. Non è una cosa che potete leggere nei libri. Non potete studiarla. Potete solo darvi la scelta di sperimentarla.

Potete darvi la scelta di sperimentare la profonda connessione dentro sé stessi e allora succederà, probabilmente né quando né dove pensavate sarebbe successa – in altre parole, non potete pianificarla o farla accadere – ma accadrà. Proverete un tale senso di chi veramente siete, lo spessore di chi siete. In quel prezioso momento, fate un respiro profondo e sentitela totalmente.

Quando sentite quella connessione, state incominciando a capire il vero significato di Maestria. Non cercherete più di manipolare le energie. Non cercherete di pensarci su; semplicemente accadrà.

Tuttavia, dovrete salire su quel treno e incominciare a fare delle scelte chiare su ciò che volete e senza aver paura di farlo. Dovete focalizzarvi su cosa volete. Per esempio, oggi questo gruppo ha avuto problemi di aereo [*sta parlando di un volo charter dal Cairo a Luxor, in Egitto*]. Cari amici, non dovete più sopportare. Energeticamente, *non dovete più sopportare le cose che non volete più.*

Ora qualcuno di voi dirà: "Ma non fa parte della vita? Il traffico orribile non fa parte della vita?" Assolutamente no. Se avete quel tipo di atteggiamento, allora vi capiteranno cose più grandi di voi. Dovete iniziare a essere molto, molto chiari con voi stessi e con le vostre scelte.

Stiamo sul pratico e non campati in aria. Non mi piace proprio sentirvi dire: "Doveva succedere." Diavolo, no, assolutamente no. *No!* "Non è, in realtà, un piano dell'universo per il mio bene più alto, ma che non capisco?" Assolutamente no. Questo è un modo di pensare svilito del potere, piuttosto che un vivere creativo di Maestria.

Voi dite: "Ma ci sono tutte queste situazioni su cui non ho nessun controllo. Sono cose che succedono." Andate oltre. Elevatevi. Incominciate a creare – *per voi stessi.* Non create per gli altri. Quella non è Maestria; è manipolazione. Create solo quello che scegliete per voi.

Potrete sentirvi strani a fare scelte chiare per *voi stessi*, perché siete tutti delle belle persone. Non vi piace fare qualcosa che vada a imporsi su qualcun altro. Non vi piace chiedere troppo. Non vi piace far star male nessuno – e non dovete farlo – ma qualche volta entrate nel sistema di credenza che se vuoi qualcosa per te, forse la togli a qualcun altro. Non è così, non se chiedete per voi stessi. Quello che accade è che le loro energie incominciano a riassettarsi per conformarsi a voi, ma questa è una loro scelta. Voi non li state obbligando a fare niente.

A volte siete riluttanti a fare delle scelte chiare perché temete di fallire – e può accadere in principio. Quando siete nella vera Maestria e create la vostra realtà, avete ancora dei residui della vecchia energia e dei vecchi sistemi di credenza. Avete ancora la strana energia del "punto zero" in cui vi trovate e in cui vi sentite un po' impacciati. Ma, poi, incomincerete a fare pratica e semplicemente incomincerà ad accadere. Vi renderete conto che non state togliendo a nessuno; anzi, state aiutando gli altri in così tanti modi. Vi renderete conto che le energie sono sempre state lì per servirvi e che voi le avete evitate, forse per mancanza di autostima, forse per un voto antico. Chissà per quale motivo ma, ora, incominciate a imparare che l'energia è lì per servirvi e che fluisce. È così facile.

Non dovete sopportare più le difficoltà, le sfide, il dolore e la mancanza né qualsiasi altra cosa. Siete il Maestro della vostra vita. Non dovete forzare nulla; semplicemente incomincia ad accadere. Incomincia a fluire. E quando succede, uscirete da quel "punto zero" in cui vi trovate ora – zero nella vita, zero che io sia qui, zero consapevolezza a cui voi vi potete rapportare – e, allora, incomincia a muoversi e a fluire. È molto aggraziata. Si muove a spirale e si espande ed è divertente. È stupendo. E, allora, direte: "Ritiro quello che ho detto sul fatto che questa è la mia ultima vita in Terra. Qui ci si *diverte*!"

ENERGIA AL SERVIZIO

State entrando nella Maestria, una cosa che avete chiesto molto tempo fa. State entrando nello stato di piena comprensione di che cosa sia l'energia, di come lavori e di come sia in corrispondenza alla vostra consapevolezza. In effetti, è molto semplice. State entrando nella Maestria, dove comprendete profondamente e appassionatamente che l'energia è qui per servirvi. Avete già sentito queste parole, ma non le avevate assorbite. *L'energia è qui per servirvi*. Vuole farlo.

Parliamo di comandare l'energia, ma alcuni di voi hanno ancora delle resistenze a comandare. Alcuni di voi pensano ancora che sia duro. Per favore, dovete capire che le energie *sono* qui per servirvi. Le energie vogliono davvero essere comandate. Se si muovono senza un comando non riuscite ad attrarle nella vostra vita oppure tendono a essere caotiche. Quello che le energie amano di più è servirvi incondizionatamente.

C'è un piccolo problema qui, perché io uso le parole "servizio" e "servitore" e voi pensate: "Io, in passato, sono stato un servitore e questo non mi piace!" Nelle vite passate è capitato che voi foste il servitore di qualcuno, un servitore della casa reale, un servitore dell'esercito, qualcuno è stato un servitore di qualche impresa – voi dite essere un dipendente, io dico essere un servitore – in questa vita siete stati servitori, però, quando uso la parola "servitore" c'è una certa resistenza.

Molti di voi sono stati dei capi. Voi siete stati quelli che avevano i servitori e la cosa vi è sfuggita di mano, magari perché non li avete trattati con equanimità, forse avete rubato la loro energia. Forse, avete riversato su di loro la vostra rabbia e a un certo punto avete detto: "Non voglio farlo più. Non voglio essere capo, re, regina, capufficio. Ci rinuncio." Tutto questo "non voglio farlo più" vi ha riportati nel "punto zero" dove non fate nulla.

Per favore, dovete comprendere che l'energia vuole servirvi. Ed effettivamente anche un sacco di persone vogliono servirvi. Avete notato lo slogan scritto sul cartellino dello staff di questa barca [*la "Sonesta Moon Goddess Nile River boat"*]? "Servizio fatto con passione." È stampato sul loro cartellino di riconoscimento – "Servizio fatto con passione"! Vogliono veramente servirvi.

Questo vuol dire che dovete sfruttarli? Assolutamente no. Vuol dire che dovete rubare la loro energia? Assolutamente no. Ma potete dar loro la gioia di servirvi? È una cosa che vi costa ancora fatica. C'è scritto sul cartellino – "Servizio fatto con passione."

Indovina! Non sono i soli. Ci sono ancora tantissimi umani che sono al servizio. È parte della loro evoluzione, tanto quanto è stato parte della vostra. Faceva parte del vostro apprendimento. Siete stati servitori per moltissime vite, avete appreso dall'esperienza e, infine, avete anche appreso che siete Dio. Non c'è più bisogno di servire gli altri. E anche loro lo impareranno, ma per ora quello è il percorso che hanno scelto.

Un Maestro permette che altri umani lo servano. Può sembrare strano, forse. Riporta memorie antiche, forse. Ma cari amici, fermatevi un attimo a riflettere. A sentire. L'energia *vuole* servirvi, tramite altri umani, tramite Gaia, tramite l'aria che respirate. L'energia è stata creata per essere al servizio, e questo è quello che vuole fare per voi, ora, adesso.

Quindi ora vi suggerisco, anzi, vi sfido a lasciare che l'energia vi serva e non sorprendetevi se lo farà. Non stupitevi quando la persona giusta arriva al momento giusto. Non stupitevi quando l'idea giusta vi viene al momento giusto. Non stupitevi quando la sincronicità diventa uno stile di vita e non qualcosa di insolito e singolare. Vi sta succedendo proprio adesso. L'energia è qui, sta bussando alla vostra porta, pronta per servirvi.

Torno a chiedervi: che cosa volete? Con l'energia che bussa alla porta, che cosa volete? Tobias lo chiama il "punto di separazione". Voi vi separate dal vostro vecchio sé e vi muovete in uno stato di coscienza espansa, in un'era completamente nuova. Che cosa volete? Incominciate a scegliere. Incominciate a giocare. Incominciate a divertirvi insieme a lei e lasciate che l'energia vi serva.

Arriverete a capire che il vero Maestro, il Maestro "Io Sono", consapevole di sé, offre effettivamente il servizio migliore di tutti, perché, una volta che avrete capito la vostra Maestria, una volta che avrete capito come funziona l'energia, allora potrete essere al servizio senza essere un servitore. Potrete essere al servizio degli altri a un livello completamente diverso.

Io sono al servizio di ognuno di voi e amo farlo. Amo farlo perché, innanzi tutto, so che voi non mi ruberete né l'energia né nessun'altra cosa. Non potreste, nemmeno se ci provaste. Amo farlo perché, avendo capito che Io Sono, è adesso che comincia il divertimento. Posso essere al servizio. Non ho un programma. È fatto tutto liberamente e con amore.

Solo un Maestro può essere veramente al servizio. Tutti gli altri sono servitori.

Quando il Maestro serve, a lui o a lei non interessa il risultato. Lo fa e basta. Io vi servo questa sera, quello che ne fate, sono fatti vostri. Non ho in programma che diventiate il Maestro di voi stessi nei prossimi giorni o che decidiate di non diventare mai un Maestro. Non ho un programma. Semplicemente, per me, è un onore e un piacere servirvi.

È una specie di paradosso. Quando diventi un Maestro, ti metti veramente al servizio, ed è allora che lasci che tutto ti serva come si conviene. Non devi più forzare o lottare con l'energia. Non devi cercare di capirla. È lì e basta.

La Maestria è una cosa semplice. L'"Io Sono" è semplice. Io Sono Ciò Che Io Sono. Non ho bisogno di niente da nessuno e ho tutto da condividere e da dare. Sono autosufficiente. Non ho bisogno di prendere dagli altri. Non sono obbligato a dare, ma ho una vera passione gioiosa di esprimere e di condividere. Questa è la Maestria.

Siete pronti a lasciare che l'energia vi serva? Siete pronti a essere un vero Maestro? Siete pronti a non pensarci solo, ma a farlo? Siete pronti ad aprirvi, a esprimerla, a giocarci insieme, a esserci con lei – e a smettere di pensarci?

Dunque, cari amici, sollevatevi da terra. Per quante vite avete abbassato la testa e strisciato davanti agli altri?

Qui, ora in Egitto, ci sono le energie degli antichi, alcuni di loro sono diventati Maestri per proprio merito; altri sono ancora attaccati alla roccia, al suolo, all'aria; altri ancora stanno aspettando che i Maestri della nuova energia dicano: "Finalmente ce l'abbiamo. Finalmente capiamo," in modo da potervi passare il testimone, non perché rimaniate incastrati nelle loro vecchie modalità, ma perché possiate evolvere l'energia nella vostra nuova modalità.

Come si fa? Incominciate a giocare con le energie. Incominciate a smuoverle. Incominciate a sperimentarle. È proprio così facile.

SERVIZIO

Solo il Maestro può essere al vero servizio. Tutti gli altri sono solo servitori.

Il vero servizio viene solo da un Maestro. Tutti gli altri sono solo servitori. Per quante vite siete stati un servitore? Per quante vite avete vissuto in uno stato di ipnosi, facendo cose che non volevate veramente fare, ma eravate il servitore di qualcuno, forse del vostro capufficio, dell'impresa, dei vostri genitori, dei vostri vari aspetti, della vostra religione, del vostro credo? Siete stati un servitore per molto tempo.

Un servitore ha un programma. I servitori vogliono qualcosa – denaro, comodità – oppure sono in un tipo di sistema di credenza che non permette loro di capire l'"Io Sono". Guardatevi intorno. Guardate una qualsiasi città. Guardate i vostri amici, la vostra famiglia. La maggior parte di loro, anzi, tutti loro sono servitori. Anche voi siete rimasti seduti sulla sedia del servitore per molto tempo, ma non è stata una sedia molto comoda.

Il Maestro è colui che capisce la propria essenza dell'"Io Sono", che è anche Dio, capisce che tutto, tutto, proprio tutto viene da dentro. Al vero Maestro non serve *niente* da fuori e, tuttavia, può giocare con tutte le energie esterne, può godere di tutte le energie, ma non ha assolutamente nessun programma, nessun bisogno né desideri. Quindi, i Maestri possono essere al servizio – al servizio degli umani che incominciano a svegliarsi, al servizio degli umani che vogliono veramente fare il cambiamento, non solo a parole.

Siccome il Maestro al servizio non ha assolutamente un programma, offre il miglior servizio in assoluto, con profonda compassione. I Maestri non hanno bisogno di sentirsi soddisfatti attraverso il servizio. Non hanno bisogno di sentirsi degni, attraverso il servizio. Farlo dà loro solo gioia. I Maestri si ricordano del loro percorso, dei loro alti e bassi e delle loro sfide. Essere al servizio dà una grande gioia al Maestro che sa che un'altra parte di Dio si sta evolvendo ed espandendo, sta scoprendo la gioia, scoprendo sé stesso.

Molti di voi sono stati al servizio nel tentativo di aiutare gli altri, mescolandoci degli scopi, con la sensazione che se eravate ancora prostrati davanti agli altri, vi sareste guadagnati in qualche modo la via alla terra futura, al paradiso. Ne parlo ora perché state, davvero, entrando nella Maestria.

State uscendo dalla zona del "punto zero", vi state spostando verso la Maestria e uno dei più grandi doni che io vedo che state per offrire agli altri è il vero servizio, compassionevole e senza programmi. Ecco perché avete scelto di essere qui, in questa vita. Ecco perché avete scelto di *rimanere* in questa vita nonostante le sfide e le difficoltà. Questo è quello che continuerete a fare per il resto della vostra vita – il Maestro al servizio e anche semplicemente il Maestro nella gioia. Quanto tempo è trascorso da quando riuscivate davvero a godervi pienamente la vita? Non arrabattandovi faticosamente, ma *godendola* davvero?

Il Maestro si allinea con il proprio Sé. È integrato. È un tutto. Cambia il modo in cui l'energia si rapporta con lui. Non c'è sforzo. Non sto esagerando. La vita incomincia a fluire senza sforzo. E così dovrebbe essere. Tutto quel concetto di lotta e di studio è molto vecchio. Non ce n'è più bisogno.

Ci sono centinaia di Maestri ascesi che ora sono ritornati sulla Terra in un corpo fisico. Sono scesi dal momento dell'incarnazione di Tobias nel luglio 2009. Sono qui completamente al servizio, sono qui in una specie di vacanza gioiosa. Vogliono semplicemente essere qui. Sono qui per servire gli altri umani e molti di voi lavoreranno insieme a loro. I Maestri ascesi stanno tornando per stare con i Maestri incarnati – voi.

Avete vissuto per tantissimi anni il lasciar andare. Vi siete confrontati con il dilemma se volevate essere qui oppure no. Avete scelto di lasciar andare le vecchie energie che vi bloccavano e vi inceppavano. Avete scelto di rimanere qui sulla Terra. Avete scelto di essere miei studenti. Il prossimo passo è la Maestria, è l'"Io Sono".

MAESTRIA

Vi dirò un po' di cose molto importanti sulla Maestria. Innanzi tutto, che è molto semplice. È così semplice che vi sentirete davvero frustrati quando, infine, la otterrete. Dapprima vi arrabbierete con voi stessi per aver reso il viaggio tanto difficoltoso. Poi riderete di voi. E poi vi renderete conto di quanta bellezza c'è nel modo in cui avete creato tutto sulla vostra vita. Ma direte anche a voi stessi di non voler tornare sulla vecchia strada della creazione non consapevole. Rimarrete un creatore *conscio, vibrante, amorevole* e *integrato.*

È assolutamente e incredibilmente semplice. Non dovete studiare. Non dovete pregare o meditare. Le preghiere sono per i servitori. Essi servono un Dio sconosciuto. Servono un potere più alto. Servono tutto quello che è esterno a loro e questo va bene. È uno dei sentieri che portano a Casa, al Sé. Ma siccome voi siete stati in ginocchio per più vite di quante ne vogliate sapere, andate oltre, nella Maestria, nell'"Io Sono Ciò Che Sono".

È semplice come respirare. Fate un respiro profondo. Il respiro porta la vita nella realtà fisica. Il respiro vi ricorda l'amore totale dello Spirito, lo Spirito che voi siete. Il respiro dice al vostro Corpo di Coscienza che scegliete la vita. Il respiro invita l'energia a venire a servirvi. Ogni volta che vi trovate in un dilemma, in una qualche situazione drammatica, di sfida, respirate profondamente.

Il *toning* è l'espressione del respiro. Come ho detto prima, molti di voi hanno trattenuto dentro l'espressione, l'hanno trattenuta, timorosi di essere visti per quello che sono, timorosi di esprimersi in modo sbagliato. Avete strati e strati di vite in cui vi è stato detto di non esprimervi. Vi siete repressi. Attraverso il *toning* riportate l'espressione dell'"Io Sono" in questa realtà. Iper-ricaricate tutte le particelle di energia e di luce e le attraete verso di voi, per servirvi.

ESSERE UN MAESTRO

Un Maestro lascia che quelle energie rimangano nel corpo e poi comanda il corpo di conseguenza. Effettivamente, a un certo punto non c'è nemmeno più ragione di fare i vocalizzi, se non per una periodica sintonizzazione o allineamento, perché la tonalità è sempre lì. La tonalità è costante. Vorrete continuare a fare pratica con il *toning,* ma anche se sentirete veramente che la tonalità interiore è sempre lì, vorrete lo stesso, a distanza di qualche settimana, ri-farli, ri-bilanciarvi, ri-sintonizzarvi.

Il Maestro comanda all'energia del corpo di servirlo come dovuto, per ripulirlo di ogni impurità, malattie, di qualunque cosa non faccia parte del percorso. E il Maestro trattiene costantemente l'energia nel corpo.

Lo sentite, quando imparate a conoscere "l'essenza Io Sono" interiore. Percepite la differenza nel corpo, nell'atteggiamento, invece di così [*Adamus si affloscia*], vi sentite aprire [*si rimette in piedi bello dritto*]. È nella vostra postura. È nel vostro modo di esprimervi. È nel modo in cui vi mantenete fisicamente aggraziati. Invece di avere un fare esitante e contratto, vi sentite aperti. Non avete più paura delle energie né delle altre persone.

Alcuni di voi, oggi al mercato [*un mercato in Egitto*], hanno fatto la camminata della sfida, andando dritti al centro della strada, proprio in mezzo a tutti i venditori e cos'è successo? Come Mosè, la marea dei venditori si è aperta. Non avete dovuto affrontarli. Non avete dovuto scansarli. Avevate in corpo la Maestria e loro si scansavano perché il Dio in loro aveva capito che il Dio in voi non aveva voglia di fare acquisti oggi.

Quando l'"Io Sono" vivifica il vostro corpo fisico, la vostra postura è diversa e gli altri lo notano. Vi risponderanno con rispetto, con ammirazione, consci che non vi possono succhiare né derubare. Avete lasciato che si prendessero i frutti del vostro albero dell'energia per molto tempo, ma adesso si metteranno da parte.

Quando l'"Io Sono" del vostro Corpo di Coscienza fiorisce, vi sentite più vivi, più in buona salute, più vibranti ed espressivi. Influenzerà ogni parte di voi, compresi i sogni. Influenzerà il vostro modo di scrivere. Quanti di voi scrivono, ma non riescono a esprimere un concetto, ad arrivare al dunque? Con la Maestria il modo di scrivere cambierà. Sarà chiaro e conciso e chi legge ne sentirà l'influsso, non solo a causa delle parole, ma anche a causa dell'energia. La vostra musica cambierà. La vostra poesia cambierà. Possiederà chiarezza, energia e maestria. E non dovrete nemmeno lavorarci su, semplicemente accadrà.

Vi do un piccolo elenco di cose che *non* dovete fare. Nella Maestria, non dovete cercare di modificare il calore del sole. Non dovete cercare di modificare un temporale che vedete all'orizzonte, in quanto, con la compassione e comprensione che avete, sapete che esso fa parte di un ciclo naturale. Ma avendo il comando di *sé*, comandando la *vostra* energia, vi adatterete benissimo al calore, al sole, alla pioggia.

Nella Maestria non comandate gli altri. Comandate solo l'energia. Non comandate che gli altri vi diano del denaro, vi facciano favori, ma poiché avete il comando di voi stessi, saranno gli altri che, in tutta naturalezza, vorranno servirvi. In altre parole, tutto accade con grazia e sincronicità. Tutto va al posto giusto.

Nella Maestria non dovete sforzarvi psichicamente per smorzare il rumore intorno a voi affinché possiate udire. Voi comandate il vostro sé in modo che possiate sentire quello che volete sentire. Non c'è bisogno di infliggere il vostro volere agli altri. Non c'è bisogno che il mondo attorno a voi cambi. Voi ora comandate voi stessi, presenti nel Corpo di Coscienza.

Nella Maestria comandate voi stessi. Comandate il sonno. In quanto Maestri, comandate al corpo quando deve dormire. Comandate come deve dormire, se profondamente, se in uno stato di sogno intenso, se in uno stato di ringiovanimento fisico. Voi comandate il vostro corpo e, presto, scoprirete che il concetto di sette, otto o nove ore di sonno è inutile, a meno che non siate voi a comandarlo.

In quanto Maestro, potete andare avanti per giorni e giorni senza dormire eppure essere sempre pieni di energia e, poi, andare in una profonda ibernazione. C'è un sonno di ibernazione che è diverso dal sonno nello stato di sogno. Molti di voi si sono impegnati a fondo nel sonno nello stato di sogno, che è molto attivo e intenso, ma si sono dimenticati di ibernarsi, di avvolgersi in un bozzolo interiore di ringiovanimento. Il vero Maestro sa che può comandare questo stato di sonno.

Imparerete a comandare ogni aspetto di voi e della vostra vita. Capirete che la vostra biologia vuole servirvi, ma voi le date contro. Arriverete a capire che la mente è stata piegata, manipolata, colmata di emozioni. La mente non è progettata per le emozioni, ma gli umani hanno messo le emozioni nella mente.

Il Maestro comanda alla mente di fare quello per cui è stata progettata, cioè muoversi in questa realtà. È stata programmata per aiutarvi con la parte strutturale del vostro viaggio umano, ma non per la parte emotiva. Potete comandare a voi stessi di essere emotivi senza essere drammatici. Potete comandare alle vostre energie di essere sensibili quando c'è bisogno che siano sensibili, di essere percettive/sensoriali quando volete sentire le energie.

Così, cari amici, eccoci qui a vivere nella Maestria, non pensandola più, non studiandola più, ma praticandola realmente per sé stessi.

RINGIOVANIMENTO BIOLOGICO

Insita nella vostra biologia c'è la capacità di guarire, riequilibrarsi e ringiovanire. Il vostro corpo è capace di guarirsi e di riassettarsi senza rimedi esterni, medicine o terapie. La biologia ha un sistema di comunicazione molto sofisticato che sa quando una parte di voi non è in equilibrio e sa come mandare le giuste energie per riequilibrarlo. Ma gli umani hanno smesso di comunicare con la loro biologia e non ne hanno più fiducia. Inoltre, la maggior parte delle persone non si prende la responsabilità di ciò che accade nel corpo. Si fidano, invece, dei dottori e dei guaritori – di qualunque cosa eccetto che di sé stessi.

Durante il corso della *Standard Technology*, si entra nel dettaglio della potente rete di ringiovanimento esistente nella biologia. È in parte elettrica, in parte magnetica ed è strettamente connessa alla coscienza. La vostra biologia è in costante comunicazione con sé stessa, per controllare e bilanciare le energie. Ma quando smettete di aver fiducia in lei, quando non siete più l'essere sovrano, quella rete di comunicazione si interrompe parzialmente.

Vi manderà un segnale – un segnale molto chiaro. Qualcosa incomincia a far male. Qualcosa si ammala. A volte il segnale può essere un forte raffreddore o un'influenza che non se ne vuole andare. Un raffreddore o un'influenza una volta ogni tanto vanno benissimo per pulire o purificare, ma se durano più di una settimana vuol dire che il corpo vi sta mandando un segnale che è tempo di ristabilire un po' di fiducia.

Non siete solo un corpo fisico. Attorno a voi c'è un corpo energetico. Il corpo energetico esiste in altri regni e sono tutti interconnessi. Ma quando viene bloccato, isolato, intossicato con rimedi fisici, va fuori equilibrio.

Facciamo qualcosa ora, adesso. Fate un respiro profondo…

… e lasciate che il Corpo di Coscienza, che è l'intero *te* stesso, senta l'Io Sono.

"Io Sono Ciò Che Sono." In altri termini, state dicendo che siete a casa. State dicendo che vi state prendendo la responsabilità del vostro corpo, della vostra mente, del vostro spirito, del vostro Io Sono. State prendendovi la responsabilità di questo momento.

Questo manda un segnale molto bello a ogni vostra parte. Dice che state vivendo, che siete qui, che scegliete la vita.

Con la vera espressione dell'Io Sono, la vera essenza dell'Io Sono, esso risuona in tutto il corpo fisico e in tutti i corpi di energia.

Con l'accettazione molto chiara dell'Io Sono, esso manda ondate su ondate di energia in ogni vostra parte.

In questo bellissimo momento, potete fidarvi che il vostro Corpo di Coscienza si rimette da solo in equilibrio. Il corpo sa come ripulirsi dalle impurità accumulate durante il giorno. Il corpo sa come cambiare e muovere l'energia a tutti i livelli – nel DNA, nelle cellule, negli organi.

Amate il vostro corpo fisico e abbiate fiducia in lui. È qui per servirvi. Lo stato naturale della vostra biologia è di salute ed equilibrio. Permettetegli di ritornare al suo stato naturale.

Date a voi stessi il permesso di riequilibrarvi e di ringiovanire.

[*pausa*]

Lasciate che tutti quei piccoli impulsi di energia nel profondo di voi ritornino allo stato naturale. Sanno che cosa fare. *Voi* sapete cosa fare.

[*pausa*]

Mentre respirate lasciate che il corpo si ringiovanisca, si vivifichi, serva i vostri più alti potenziali.

[*pausa*]

Il vostro corpo rilascerà delle tossine vecchie. Avrete dei cambiamenti che vi faranno sentire temporaneamente a disagio, ma, in definitiva, rilascerà le tossine e ringiovanirà il corpo. È semplice. È incredibile.

Fate un respiro profondo. Lasciate che il corpo si ripulisca, ringiovanisca e si equilibri.

Capitolo Sei

DIVENTARE UN UMANO MULTIDIMENSIONALE

VIVERE MULTIDIMENSIONALMENTE

Premessa base: la maggior parte degli umani vive una vita piatta. Esistono entro un punto di riferimento minuscolo, completamente non consapevoli di quello che succede davvero. Sono in pochi a sperimentare realmente il vivere multidimensionale.

Il vivere multidimensionale vi permette di essere molto presenti in questa realtà, il che è importante; essere qui nell'Adesso. Vi permette di espandere la coscienza e la consapevolezza, da questo momento dell'Adesso entro gli altri regni. Vi permette di essere consapevoli che qui con noi, in questa stanza, vi sono altre entità, ora, adesso.

Forse capite il concetto, ma potete veramente *sentire* le altre entità che sono con voi, che vi volteggiano intorno, ora, adesso? Alcune stanno addirittura irradiandovi di energia. Altre sono appena trapassate e si stupiscono di questo dibattito sulle entità. Hanno preso parte alla riunione – senza pagare, ovviamente. Altre entità sono qui per assistermi. Esserne consapevole è una cosa stupenda.

Consapevolezza multidimensionale vuol dire che potete sentire l'energia di Gaia. È un essere vivente e non solo terra e acqua. Via via che nei secoli a venire le sue energie lasceranno questo pianeta, lei passerà il suo ruolo di guardiana e custode della Terra agli umani e, che lo sappiate o no, siete partecipi dell'assumervi questa nuova responsabilità.

Sapete essere consapevoli della realtà eterna, sapete espandervi apertamente e liberamente nei potenziali del vostro futuro. Che cosa c'è in quei potenziali? Cosa accadrà domani? Cosa accadrà fra qualche mese? Che lavoro state facendo adesso negli altri regni e che potete portare qui sulla Terra?

Con la consapevolezza multidimensionale potete andare nel passato, nello ieri, per scoprire che cosa è realmente accaduto quando avete avuto quel trauma molti anni fa, non soltanto quello che *credete* sia accaduto. Potete espandervi nel passato e vedere gli altri potenziali altrettanto reali quanto quello che pensate sia avvenuto. Potete vedere come e perché avete fatto certe scelte e perché non avete scelto di fare l'esperienza degli altri potenziali.

Quando permettete a voi stessi la libertà dell'espansione multidimensionale, potete viaggiare davvero nelle altre parti della creazione, ad esempio nei regni cristallini, nei regni angelici, nei regni Vicini alla Terra. Potete espandere la vostra consapevolezza in civiltà di dimensioni lontane, dove gli esseri viventi non assomigliano per niente agli umani.

È NATURALE

La consapevolezza multidimensionale è uno stato naturale dell'essere. Anche voi l'avevate prima di scendere sulla Terra per la prima volta. Allora, era molto più facile perché non vi erano tutte le stratificazioni di coscienza di massa e le tante vite nella realtà fisica della Terra, ma è lo stato naturale dell'essere. Per diritto della vostra nascita angelica, avete la capacità di essere consapevoli di svariati set di dimensioni per volta, ma la vostra esperienza di tantissime vite in un corpo fisico ha provocato la chiusura della vostra consapevolezza multidimensionale.

È stata una cosa intenzionale, secondo progetto. Nelle vostre prime vite sulla Terra, compresi i tempi lemuriani, vi era il forte desiderio di incanalare le energie angeliche nella realtà fisica. È stato molto impegnativo. Avete lavorato sodo per convergere e mantenere la vostra essenza nella realtà fisica, per incarnarvi in una biologia. Ai tempi lemuriani era molto facile uscire dal corpo fisico e, di conseguenza, la vostra biologia moriva. Per un essere angelico era molto impegnativo scendere nella dura realtà fisica di questo pianeta. Ma, lavorando sodo e con grande determinazione, avete imparato a entrare nella densità innaturale e limitata della Terra.

Avete compiuto quello che vi eravate ripromessi di fare, ma ora il cerchio si chiude. Ora che avete imparato come mantenere una concentrazione intensa nella biologia, come fate ad aprirvi di nuovo a quello che è sempre stato vostro? Come fate a espandervi nelle altre dimensioni, mentre siete nel corpo?

DIMENSIONI, COSCIENZA ED ENERGIA

Cos'è una dimensione? Una dimensione è una particella di coscienza. Una dimensione non è un luogo. Non occupa né spazio né tempo, a meno che voi non l'abbiate creata affinché sia così. Non è "lì in alto" [*indica il cielo*]. Una dimensione è una particella di coscienza. Le dimensioni sono create SOLO da esseri che hanno l'anima, come voi.

Una dimensione non contiene energia, proprio come voi non contenete energia. Non c'è energia al centro delle dimensioni, ma poiché una dimensione è coscienza, attrarrà l'energia dal "Campo" per servirla. L'energia servirà la coscienza dandole l'illusione della forma, della profondità, del tempo, del flusso, della vibrazione, del colore, della potenza o di qualunque attributo sia richiesto per adempiere al desiderio della coscienza.

Da dove viene l'energia? La pura energia è in uno stato neutro dell'essere. L'energia pura non ha una carica positiva o negativa. Non è vibrazionale. È in uno stato puro neutro. Ecco perché gli scienziati non possono vederla e i matematici non la capiscono, perché cercano qualcosa di tangibile, ma la pura energia è effettivamente neutra.

Quando la coscienza crea una dimensione, ha bisogno dell'aiuto dell'energia per manifestarsi. L'energia viene richiamata dal campo neutro e poi questa sviluppa una carica vibrazionale. Si trasforma in un misto di carica positiva e negativa e la proporzione di carica positiva o negativa dipende dai requisiti della dimensione in cui la carica andrà a servire.

Qual è l'origine dell'energia? È una bella domanda. Dal momento in cui avete lasciato Casa – l'Uno, la Fonte, l'Amore Eterno – avete sempre avuto nell'anima un desiderio struggente di ritornare a Casa. Il desiderio era così forte che ha creato quella che chiamate energia. Viene anche chiamata Lacrime d'Angelo.

Metaforicamente, questo è il carburante per il Vascello Stellare che riporterà gli angeli a Casa. Tuttavia, il Vascello Stellare non va veramente a Casa. Il vostro Vascello Stellare va verso il vostro *Terzo Cerchio*[9], la vostra sovranità, la vostra ascensione. Anche se cercaste di ritornare a Casa, non la trovereste mai, perché non è più quello che era.

In realtà, questa è la sostanza chiamata energia che è usata dalla coscienza per dare forma alle dimensioni.

---

9. Vedi Glossario.

La dimensione è una particella di coscienza e le dimensioni possono essere create e distrutte in ogni momento dagli esseri creatori. Potete creare una dimensione in questo preciso momento, farla esistere per un periodo di quello che voi chiamate tempo e che noi chiamiamo svolgimento o evoluzione dell'esperienza, lungo quanto volete e potete far finire quella creazione in qualsiasi momento. Lo fate di continuo, consapevolmente o inconsapevolmente.

Quando abbiamo cominciato questo workshop, vi è stato chiesto di inspirare e di crearvi uno "spazio sicuro". Questa scelta conscia ha letteralmente creato una dimensione nuova, una dimensione non-fisica entro una dimensione fisica. Dentro questa stanza d'albergo abbiamo creato una dimensione nuova. Quando, alla mattina, attraversate questa soglia, non entrate nello stesso posto in cui siete entrati il primo giorno. Sembra che la porta sia nello stesso posto e che la stanza sia la stessa, ma voi non entrate in *quella* medesima sala da ballo. Avete creato, per voi stessi, una nuova dimensione – uno spazio sicuro. Allo stesso tempo, questa nuova dimensione è direttamente collegata con la nostra aula nei regni angelici, perché anche lì stiamo tenendo la nostra lezione. Come vedete, siete molto multidimensionali, solo che non vi rendete conto di tutto ciò che succede intorno a voi!

La prossima volta che entrate nella sala dove ci incontriamo, prestate attenzione: "Hmm, c'è un qualcosa di diverso." Bene, è una dimensione diversa. Coesiste e si interseca con la dimensione della sala da ballo fisica in cui siete entrati il primo giorno. Se vi sto mandando in confusione totale, fate un respiro profondo e incominciate a percepire.

Questa è una dimensione. L'avete creata perché vi serva. Questa dimensione ha richiamato l'energia dal Campo, o Grande Potenziale, per essere servita e per servire voi. Avete anche portato energia per facilitare la trasformazione che avevate voluto a un livello molto personale. Avete portato una gran quantità di energie di guarigione e di aiuto per voi e per gli altri. Le energie stanno volteggiando nella stanza.

Questa è una dimensione. È tante particelle di coscienza – le vostre. Questa dimensione che si chiama il Workshop Vivente Interdimensionale può continuare a esistere nello spazio e nel tempo oppure potete scegliere di farla collassare fra pochi giorni, fra pochi mesi, fra pochi anni. Sta a voi. Se la fate collassare, se non esisterà più, la memoria o il ricordo di questa dimensione vivrà per sempre. È scritto nella biblioteca universale, non nelle Cronache dell'Akasha, ma sarà inserita nel codice di tutta la Creazione. La sua memoria rimarrà.

Le dimensioni non sono necessariamente impilate l'una sull'altra. Nell'ambito new-age vi è una comune percezione errata che ci sia una gerarchia di dimensioni: 1° dimensione, 2° dimensione, 3° dimensione, 4° dimensione e così via. Alcuni gruppi spirituali dicono che vanno nella 28° dimensione o che ricevono angeli della 312° dimensione. Non funziona in questo modo.

Non ci sono gerarchie nelle dimensioni. A dire il vero non ci sono gerarchie nella coscienza. Una coscienza è più aperta di un'altra, un'altra è più attiva, ma non c'è coscienza che sia migliore di un'altra coscienza. Si potrebbe sostenere che perfino una coscienza ristretta non è per niente ristretta; sta sperimentando sé stessa in un modo molto "concentrato".

Le dimensioni vengono in ogni tipo di forma e configurazione e sembra che sia un caos totale, ma non lo è. Le dimensioni possono essere rotonde, quadrate, triangolari. Possono essere un punto o una linea, un suono o un colore. Possono essere micro o macro. Una dimensione può essere un vuoto o un pieno. Alcune dimensioni possono essere misurate con la matematica, con la geometria o con la luce, ma per la maggior parte non possono essere misurate. La maggior parte delle dimensioni non segue regole perché il loro unico scopo è *essere*. Solo un piccolo numero di dimensioni segue delle regole – le dimensioni terrestri.

Se voi, in quanto Maestri, espandete la vostra coscienza in altre dimensioni e trovate il caos, fate un bel respiro profondo e comprenderete che non c'è caos. Andate oltre le vecchie definizioni di energia. Lasciatevi fluttuare in quello che sembra essere un caos e, all'improvviso, incomincerete a vedere la bellezza di tutta la creazione. Smetterete di cercare di sanare le cose. Smetterete perfino di guarire voi stessi e realizzerete la perfezione in tutte le cose.

Quello che sembra essere un caos sono i colori dell'artista sulla tavolozza. Sono armonie e frequenze e toni diversi, modi molteplici di sperimentare la creazione. Non c'e il male, non c'è il diavolo, non c'è nessuna antitesi a Dio; tutto è semplicemente esperienza.

In ultima analisi, il modo in cui fate l'esperienza delle altre dimensioni si riduce a una cosa molto, molto semplice. Potete discuterne con me o con qualunque altro grande, illuminato e raggiante Maestro asceso e quella cosa sarà sempre e solo: la *scelta*. Come scegliete di sperimentare la creazione?

ANCORA SULLE DIMENSIONI

Le dimensioni non sono necessariamente al singolare. In altre parole, abbiamo le dimensioni che avete creato qui, per questo incontro, nello spazio sicuro. Anche durante questo incontro, la dimensione si è espansa richiamando energie a servirla, anche perché la vostra coscienza si è espansa. Ma non pensate in termini lineari, immaginando che sia diventata solo più grande. Ha anche una maggiore profondità. Diventa più piccola, intanto che diventa più grande. Diventa più profonda, intanto che diventa più superficiale.

Ogni volta che, in questi ultimi due giorni, avete contemplato qualcosa, questo ha cambiato la natura di questa dimensione, sia in termini di coscienza che di disponibilità di energia. Ogni volta che ho fatto una domanda e mi è stata data una risposta, questa dimensione è cambiata. La coscienza crea e cambia le dimensioni e in questo modo cambia anche l'input di energia.

Ora, applicate lo stesso principio alla vostra vita, che, in un certo senso, è una dimensione; applicatelo al vostro intero essere, alla vostra anima, che è una dimensione e specialmente alle fastidiose domande che si sono intrecciate durante tutta questa riunione: "Qual è la vostra prigione?" e "Sceglierete di uscirne, ora?"

La vostra risposta ha il potenziale di cambiare completamente la natura della vostra dimensione. In altre parole, non è stata chiusa. Non è strutturata. Non è predeterminata, a meno che non lo abbiate fatto voi. Non esistono né fato né destino. Tutto è malleabile. Quando cambia la coscienza, cambia anche la dimensione. Quando cambia la dimensione, cambia anche l'energia.

Cos'è che ti tiene in gabbia? Scrivete la risposta in quattro parole o anche meno. Qual è la tua prigione? Che cosa ti trattiene? Che cosa ti tiene lontano da ciò che desideri? Ma lo sai che cosa vuoi? La chiarezza cambia il modo in cui l'energia serve una dimensione. Se non siete chiari, se io dico: "Qual è la tua prigione?" e voi scorrete mentalmente pagine e pagine e pagine in cerca di una risposta, l'energia verrà e vi servirà di conseguenza. Sarà incoerente, errabonda e indecisa.

Se siete chiari, l'energia è chiara. Quando capirete come la vostra coscienza crea la vostra dimensione – la vostra prigione entro la vostra dimensione, i vostri potenziali entro la dimensione – allora incomincerete a lavorare con l'energia in modo fluido e aggraziato. Scoprirete che è molto più facile operare nella realtà fisica. Non sarete così stanchi. Non sarete così alienati. Quella cosa che si chiama intuizione lavorerà più facilmente. Con la chiarezza, niente è un mistero.

La mente umana è una contraddizione. Vuole ordine e una struttura ma, allo stesso tempo, ama la complessità. La mente ama la complessità perché tiene viva la ricerca. La mente era stata programmata per cercare risposte e la complessità lo rende possibile.

La chiarezza, l'abilità di chiarire in assoluto che cosa volete, viene dal vostro Corpo di Coscienza, dalla vostra interezza. Nei nostri workshop, io chiedo spesso alle persone che cosa vogliono. Sono pochissimi quelli che sanno scrivere succintamente la risposta su un foglietto, che la guardano e se ne innamorano. Tanto viene ancora dalla mente. Tanto è solo retorica, tanto sono tutte assurdità, come dite voi. È quello che *pensate* di volere, ma cosa volete *davvero*? Chiaritevi cosa volete e lo avrete.

Le dimensioni non sono singole. In altre parole, possono confluire insieme. La dimensione che abbiamo creato qui, durante le nostre riunioni, coesiste con la dimensione fisica di questa stanza. Coesiste con le dimensioni che c'erano qui prima che arrivaste. Il primo giorno, le altre dimensioni erano più pronunciate. Ora, dopo un po' di giorni, *questa* dimensione sta prendendo il sopravvento, ma alcune delle altre dimensioni si intersecano ancora con questa.

Le dimensioni si possono unire insieme e andare a fare un viaggetto, come due autostrade che confluiscono in un'unica autostrada. Attraggono altre dimensioni lungo la strada. Ballano e danzano insieme e qualche volta si dividono di nuovo. Ma, alla fin fine, siccome una dimensione è creata da una particella della vostra coscienza, potete sempre richiamare a voi quella dimensione che diventa singola. Potete estrarre una parte qualsiasi della vostra coscienza dalle altre dimensioni.

Lo fate, in effetti, quando andate nel Terzo Cerchio o stato ascensionale. Letteralmente, richiamate indietro a voi tutta la vostra coscienza. La integrate, la mettete nel Corpo di Coscienza e la portate con voi nell'ascensione. Portate la coscienza con tutte le vostre esperienze e, dietro di voi, lasciate solo un segno o una memoria.

Un'altra caratteristica importante delle dimensioni è che ogni dimensione ha una porta principale e una porta di servizio, eccetto una – la dimensione di Casa – e se questa si possa chiamare dimensione è discutibile. Tutto Quello che Era, Dio, Spirito, l'Uno, qualunque nome gli diate, solo quello aveva un'unica porta, la porta principale – ed era solo di uscita. Non potete tornare dentro, era solo una porta di uscita, perché, nella grande sapienza dello Spirito, Lei sapeva che avreste cercato di ritornare a Casa. Lei ha detto: "Vola via dal nido e non tornare." Avrebbe significato la sconfitta del progetto totale. Così Casa ha solo la porta di uscita, ma tutte le altre dimensioni hanno la porta principale e la porta di servizio.

Che cosa vuol dire? Perché è importante? Quando fate i viaggi interdimensionali, entrate dalla porta principale e uscite dalla porta di servizio. Come funziona nella pratica? Dunque, quando volete andare dall'altra parte dell'universo, non dovete avere una navicella spaziale di metallo e viaggiare per milioni di anni luce. Fate una specie di salto attraverso le dimensioni – porta principale, porta di servizio – e così siete in un altro tempo, in un altro spazio; basta un profondo respiro, una scelta e, poi, aver fiducia in voi stessi.

Tante volte fate un respiro profondo, fate una scelta e poi dite: "Ma, non sono sicuro." Beh, quello frena. Fate un respiro profondo, fate quella scelta e, letteralmente, sfrecciate nelle dimensioni, entrando per la porta principale e uscendo dalla porta di servizio. Potete andare indietro nel tempo. Sarò più preciso, potete andare indietro nei potenziali. Potete andare indietro nelle varie esperienze. Vorrei che cambiaste il concetto che avete del tempo – noi negli altri regni non usiamo il tempo, ma misuriamo l'espansione usando l'evoluzione a spirale dell'esperienza – la si può anche chiamare espansione di coscienza.

Quando viaggiate attraverso le dimensioni, potete andare istantaneamente da un punto all'altro. È oltre lo spazio e il tempo. Potete saltare da un punto all'altro quanto in fretta volete. A volte, quando attraversate dei portali dimensionali, vi può sembrare che ci sia una piccola pausa. Vi può sembrare che non vi stiate muovendo, ma in realtà vi state muovendo. Quello che fate è riaggiustare velocemente il Corpo di Coscienza perché venga con voi. È un punto importante del viaggio interdimensionale.

I viaggi interdimensionali sono diversi da come erano, perché la consapevolezza è cambiata. Alcuni di voi hanno fatto delle proiezioni astrali e sono riusciti, almeno, a volteggiare nella stanza. Pochi sono andati in altri regni e, allora, erano rimasti sconcertati perché si aspettavano di vedere cose e di capirle mentalmente. Alcuni di voi hanno avuto esperienze meravigliose, ma non sono stati capaci di riportare indietro con loro la consapevolezza acquisita. Mentre tornavano in questa dimensione, essa è stata filtrata via.

Per fare un viaggio interdimensionale, vi espandete dal momento dell'Adesso. È la pista di decollo, anzi, in realtà è la pista di espansione. Non c'entra con il lasciare il corpo. A volte, vi sentirete come se aveste lasciato il corpo, ma se sceglierete non lo lascerete. A volte, può capitare che vi sentiate molto disorientati, storditi o a disagio. È solo perché vi state espandendo oltre le vostre strutturazioni normali. Vi abituerete e la smetterete di vomitare.

Quando vi espandete in altre dimensioni, non mandate solo lo spirito o la mente. Portate anche il Corpo di Coscienza. Quando le persone in passato tentavano di fare i viaggi interdimensionali, lasciavano indietro l'essenza del loro corpo, perché il corpo, pensavano, avrebbe interferito con il viaggio. Credevano che la loro parte umana non appartenesse a là fuori. Ma la consapevolezza è cambiata e ora portate tutto di voi nelle altre dimensioni.

Le dimensioni si intersecano. Si intrecciano, dentro e fuori, l'una con l'altra. Risponderò a un quesito che mi è stato posto: le dimensioni sono matematiche? La matematica crea una dimensione? No. Alcune dimensioni possono essere *definite* matematicamente o con la geometria sacra. Ci sono degli attributi incredibilmente sorprendenti e unici alle dimensioni in termini matematici. La matematica moderna è meravigliosa, ma è ancora molto, molto limitata. Riesce a definire solo quello che percepisce.

Oltre a quello che può essere definito, c'è quello che non è ancora stato definito. È lì che aspetta che qualcuno dica: "Ah, ecco un potenziale che non è ancora stato definito." L'energia nello stato neutro che non è stata ancora attivata è lì.

È intorno a voi, ora, adesso, un potenziale che non è ancora stato toccato, energia che è in attesa di servirvi, ma che passa inosservata. Ecco perché chiarezza e scelta sono importanti.

Sapete che il numero "zero" è stato riconosciuto solo di recente? Quella è stata una rivelazione grandiosa – lo zero, il niente. È stato riconosciuto in un recente passato della vostra storia. Pensate a cosa sarebbe la vita moderna se non ci fosse lo "0". Non sarebbe moderna, perché senza lo "0" non ci sarebbero i computer.

E poi, c'è stata la rivelazione che esistono numeri negativi oltre a quelli positivi. Anche questa è stata una scoperta relativamente recente. La maggior parte dei matematici non sa che c'è un 4 superiore, un 4 inferiore, un 4 laterale, naturalmente, un futuro 4 potenziale e i 4 di altre dimensioni che cercano di intersecare ogni altro numero. C'è così tanto da imparare!

Con i viaggi interdimensionali, non dovete immaginarvi di saltare da una porta all'altra. Potete avere la percezione che si aprano delle porte oltre la velocità della luce e poi, proprio mentre siete lì, che si apra un'altra porta e un'altra e un'altra ancora. Il sentiero che conduce dentro le altre dimensioni è spianato davanti a voi, da voi. Quando arrivate lì, non serve che vi grattiate la testa e cerchiate il navigatore satellitare o la mappa per capire dove vi trovate. La scelta che fate, la sicurezza della dimensione in cui vi trovate ora, adesso, e il desiderio di andare da qualche parte, vi porteranno lì. Voi diventate la vostra stessa guida.

E se dite: "Voglio andare a fare un viaggio interdimensionale, ma non so dove voglio andare. Vedrò dove vengo portato." Beh, lì è esattamente dove andrete. Vagherete in giro. È un'esperienza interessante, ma non vi porta veramente da nessuna parte. Con il respiro e con la scelta potete andare ovunque vogliate, anche nelle dimensioni che non sapete definire, ma che percepite.

Siete andati in tantissime dimensioni diverse, nel corso della vostra esistenza. Avete creato un sacco di dimensioni, quindi una parte di voi è già lì. Una particella della vostra coscienza, ad esempio, ieri era nella dimensione atlantidea [*durante l'esercizio di questo workshop*] e nelle dimensioni cristalline, nelle dimensioni del suono.

Può qualcun altro infiltrarsi nella vostra dimensione, nel vostro Io Sono? Nessuno può infiltrarsi nella vostra essenza. Quello è territorio sovrano. È lo stato della vostra anima, il vostro territorio sovrano, in cui nessun altro può penetrare né infiltrarsi. Nessuno può entrarci, anche se lo invitate voi. Anche se dite: "Louise, ti faccio entrare nello stato della mia anima," lei non può venirci. È l'essenza della vostra coscienza e nessuno ve la potrà mai portare via. La storia è stracolma di tentativi di rubare l'anima a qualcuno, ma è una cosa che non può essere fatta.

Tuttavia, create aspetti di voi. Create parti o estensioni del vostro stato d'anima. Altri esseri animati con l'anima possono visitarli o divenirne parte, rubarli, corromperli, ipnotizzarli e far credere a voi umani, che vi hanno sopraffatto. È un vecchio trucco, un trucco di magia nera che si è sviluppato ben prima dei tempi terrestri. Possono indurvi a crederlo per un po' di tempo. È capitato a tutti voi quando avete sentito che qualcuno si è impossessato della vostra anima ma, in fin dei conti, non possono. È un modo per cibarsi dell'energia, un gioco che punta forte, lì. Ma non possono.

Come si fa a tornare indietro dallo stato di espansione allo stato umano focalizzato? Fate chiarezza, un respiro profondo e decidete: "Io Sono Ciò Che Io Sono." Ecco.

ANCORA SULLA CONSAPEVOLEZZA

Oggi, in questa sala, ci sono un mucchio di Energie della Terra, energie di Gaia. Ce ne sono più del solito, perché ora, adesso, sono in atto moltissimi cambiamenti sulla Terra. La Terra sta cercando un modo per trasformare la vecchia energia bloccata. E allora, cosa succede? Il momento in cui lo spirito della Terra percepisce che un gruppo di umani capisce veramente cosa sta succedendo, ecco che voi attraete l'energia. E oggi è qui. Dunque, potete sentire l'energia della Terra in mezzo a noi.

La tendenza è di credere che si tratti di sentimenti *propri*. "Che cosa ho che non va, oggi? Perché sono pieno di acciacchi e di dolori? Perché non vorrei far altro che urlare?" In realtà, tutto questo non vi appartiene. Quello che sentite viene tutto dalle energie esterne.

Entrateci dentro con il sentire, per un momento. Qui con noi oggi c'è un gruppo di entità. Sono non-fisiche, ma la loro energia è molto presente. Sono studenti o "novellini" della Nuova Terra e sono venuti a farci visita. Stanno per incarnarsi in un corpo fisico. Non si sono mai incarnati in una biologia, non sono mai stati sulla Terra in forma fisica. Questi novizi sono attratti da voi. Vi seguiranno come un'ombra. Vogliono vedere com'è essere un umano. Vogliono mangiare del cibo insieme a voi, perché non hanno mai mangiato del cibo prima d'ora. Vogliono essere con voi quando ridete. Queste entità sono affascinate da quella cosa che si chiama esperienza umana, perché la faranno presto.

A volte pensate: "Perché oggi mi sento così stupido? Come mai mi sembra di non sapere come gestire questa situazione?" È perché state percependo la *loro* energia. Sentite la loro presenza vicino a voi. Sentite loro, ma pensate di essere voi.

Consapevolezza. Voi operate su migliaia di livelli contemporaneamente. Alcuni non sono molto importanti o non sono prioritari, altri lo sono moltissimo. L'energia di Gaia è, ora, adesso, a un livello costantemente alto. Fattori meteorologici, terremoti, tempeste di neve globali, questo genere di cose fa parte di un bellissimo processo di Gaia e voi lo sentite.

Quando respirate consapevolmente, usate l'opportunità di essere anche consciamente consapevoli; consciamente consapevoli che state operando a molti livelli allo stesso tempo. Siete voi, ma siete, anche, con il sentire, all'interno di altre energie.

È una cosa molto pratica. Non è roba da stato di sogno. Non è esoterismo. Sta realmente diventando una cosa molto pratica e vi servirà molto e bene. Questa è la buona notizia. Diventando consapevoli del vivere multidimensionale, diventate consapevoli delle moltissime sfaccettature dei gioielli che siete.

Il cervello *non* è un contenitore di consapevolezza. È un contenitore di memoria e di ricordi, ma la consapevolezza non è per niente una memoria. È nel momento presente. Ha un sentire, ha una passione che la fa fluire e la fa diventare maggiormente consapevole di sé.

Il cervello ricorda. La coscienza è consapevole. Noi ci muoviamo anche oltre il cervello, oltre la singola consapevolezza. In questa stanza, ora, adesso, ci sono delle farfalle. Non sto scherzando; sono qui. Alcuni dei vostri animali totem stanno fluttuando nella stanza.

Vi chiedete: "Non mi prenderanno per pazzo, fuori da questo spazio sicuro?" Assolutamente no. Il mondo vuole sognare, ora. Il mondo vuole fuggire dalla sua stessa prigione, ora, adesso. Lo vuole disperatamente, ma ha dei dubbi. L'umanità è stata sfruttata troppe volte e ora è un po' scettica. È arrivato il momento che vuole sapere cosa c'è oltre. Vuole sapere che, oltre, c'è qualcos'altro. Vuole sapere che c'è uno scopo per tutto questo.

Entrateci dentro con me, per un attimo, con il sentire. C'è una vecchissima stratificazione di Dio. Vi dico che gli umani non vogliono credere più in *quel* Dio, ma hanno paura. Sono programmati. È stato detto loro che se non credono in *quel* Dio, diventeranno preda del diavolo e così si sono incastrati. Io la chiamo ipnosi. Io dico che è rimanere paralizzati in un sistema di credenza. È un'energia bloccata. Ma qualcosa nel profondo – nell'anima – li chiama e dice loro che ci deve essere qualcos'altro. Non può essere che sia ciò che è stato insegnato loro quando erano piccoli. Non può essere che sia ciò che insegnano le chiese. Ci deve essere un qualcos'altro.

E chi insegnerà loro? Chi li aiuterà ad aprirsi dentro? Chi li aiuterà a scoprire un Dio interiore, che è assolutamente unico e personale per ogni essere vivente? Voi!

Capitolo Sette

TU E LA NUOVA ENERGIA

LA NUOVA ENERGIA

Si può descrivere la nuova era come nuova energia, espansione di coscienza e integrazione. L'integrazione influenza il vostro maschile e il vostro femminile, il vostro divino e il vostro umano, tutti gli aspetti della dualità, e porta ogni cosa nel momento dell'Adesso.

A volte pensate che l'integrazione avvenga dopo che si muore, quando andate negli altri regni. Pensate che, quando andate dall'altra parte, scoprirete una nuova grande consapevolezza, ma perché non trovarla qui, adesso?

L'esperienza della nuova energia ha a che fare con gli estremi – estrema speranza ed estrema disperazione, estrema apertura ed estrema limitatezza. Dite: "Ma Adamus, non mi sembra un gran divertimento. Non sono sicuro di essere pronto per gli estremi."

Ecco la buona notizia. Diventerete consapevoli degli estremi e gli estremi si fonderanno insieme. Ma quando si fondono insieme, non saranno né neutri né noiosi; saranno espansi. Conterranno una polarità positiva e una negativa; saranno grandiosi. Parliamo un po' delle esperienze della nuova energia che avete vissuto o che vivrete.

SCOPRIRE LA NUOVA ENERGIA

La nuova energia è qui. È un'energia che è stata creata da voi, lontano da Casa. La sua fisica e le sue caratteristiche sono distintamente diverse da quelle della vecchia che vi è così familiare. L'energia vibrazionale non scomparirà definitivamente dalla vostra vita, ma voi incomincerete a integrare la nuova energia.

La vecchia energia è vibrazionale. Perché si attivi ha bisogno di due forze opposte, come, ad esempio, quella positiva e quella negativa. Quando le forze si oppongono l'una contro l'altra, si crea una vibrazione ed ecco che avete l'energia. Le forze opposte possono essere maschile/femminile, luce/oscurità, sopra/sotto, buono/cattivo, vita/morte e qualunque altra cosa che sia nella dualità. È intorno a voi, dappertutto, nell'universo e nell'omniverso. Finora, l'energia vibrazionale è stata la pietra miliare di tutto, dai più alti regni angelici alla più piccola particella atomica sulla Terra. È stata la sola energia.

La vecchia energia è stata creata nel momento in cui siete andati via da Casa. È chiamata spesso Lacrime d'Angelo perché è stata creata dall'intenso desiderio degli angeli di ritornare a casa. Era il carburante originale degli esseri angelici per ritrovare la via di Casa. C'è, ora, la stessa quantità di energia vibrazionale che c'era quando siete andati via da Casa. Da allora non ne è stata creata né distrutta dell'altra. La quantità totale di energia vibrazionale è vasta – va oltre le vostre capacità di misurazione – ma è finita.

La nuova energia è completamente diversa. Non richiede forze opposte. È unificata. Per sua natura cerca di espandersi, ma si espande in tutte le direzioni simultaneamente. Non si espande solo fuori; si espande anche dentro.

La nuova energia è completamente diversa e non è solo un sottoprodotto della vecchia energia. Viene creata quando gli esseri provvisti di anima tornano al Dio interiore, la vera Casa. È il risultato del completamento, mentre la vecchia energia era il risultato del bisogno. Si crea la nuova energia quando gli elementi della dualità sono completamente e assolutamente integrati, quando avviene la vera unione. La nuova energia è stata una teoria per eoni di tempo e ha incominciato a realizzarsi davvero verso la fine del 1997. Mentre l'energia vibrazionale è stata chiamata Lacrime d'Angelo, la nuova energia è stata chiamata Amore dell'Anima.

Nessuno, compresi gli esseri angelici, capisce del tutto come funzioni, perché è totalmente nuova. Abbiamo delle idee e delle teorie, specialmente quelli di noi che sono vissuti recentemente sulla Terra. Abbiamo un'idea generale di come funzionerà nella vostra vita, ma è talmente nuova che nessuno la capisce fino in fondo.

Alcune cose, però, le sappiamo. Non crea schemi e cicli come la vecchia energia. L'energia vibrazionale, date le medesime circostanze, reagisce, generalmente, nello stesso modo. In altre parole, se, questa sera, accendete la lampada nel vostro studio, è molto probabile che si accenda anche domani sera. Se una mela quest'anno cade da un albero è molto probabile che l'anno prossimo faccia lo stesso. Si può applicare questo semplice principio a quasi tutto, sia nella realtà fisica che in quella non-fisica.

L'energia vibrazionale è stabile, per via dei suoi schemi prevedibili e ripetitivi. Lo schema si ripete in continuazione, fino a quando una forza non lo costringe a cambiare. Per esempio, la lampadina continuerà a funzionare finché non si brucia o finché non viene spenta la luce. La mela continuerà a cadere dall'albero fino a quando l'albero non muore. Perfino lo schema di vita e di morte dell'albero è prevedibile.

Questo concetto è applicabile a tutto, comprese le azioni mentali ed emotive. Questo è quello che avete passato negli ultimi anni. Vi siete sentiti frustrati e, sì, anche annoiati e così state cercando di uscire dai vecchi schemi della vecchia energia. Spesso create un incidente – di solito traumatico – per uscire dai vecchi schemi. È la forza esterna che cambia gli schemi. La reincarnazione è uno schema ed è molto facile restarci incollati. La ricerca spirituale è uno schema. La mancanza di abbondanza, la salute fragile, i rapporti brutti, tutto questo forma degli schemi. Incominciate a vedere il punto?

Cari amici, percepite l'energia che c'è qui. Siete esausti e stanchi degli schemi della vecchia energia, ma sembra che non riusciate a liberarvi dalla sua morsa e non avete abbastanza fiducia in voi stessi da permettere alla nuova energia di entrare. Volete sapere tutto quello che la riguarda a livello mentale, prima di sentirvi pronti a integrarla nella vostra vita. Nel frattempo, i cicli della vecchia energia continuano a ripetersi senza sosta.

Ripeto, la nuova energia è diversa. La si può applicare a due situazioni identiche e avere due risultati totalmente diversi. Non crea schemi; piuttosto, sembra creare una svariata quantità di nuovi potenziali diversi.

È potente. A volte vi sentite molto frustrati con la vecchia energia perché sembra inefficiente. Vi compensavate cercando di prendere una quantità sempre più grande della vecchia energia. Dovevate ammassare la vecchia energia attraverso cose come il denaro o il potere. Dovevate costruire un proverbiale magazzino di vecchia energia perché c'era anche la limitazione del tempo. In altre parole, non si manifestava nel momento dell'Adesso. Era molto faticoso. Parte della vostra impazienza e ansietà avuta di recente, era dovuta alla percezione che: "Ci deve essere un modo migliore. Ci deve essere un modo diverso di farlo." E c'è. Ecco perché siete qui. Ecco perché io sono qui.

La nuova energia esiste tutt'intorno a voi, vicino al campo energetico umano, ma non è ancora penetrata dentro, perché il fattore tempo non era quello giusto. Eravate così assorti a rilasciare e trasformare un sacco di problematiche, quello non era il momento adatto per penetrare in voi. Avrebbe messo fuori uso un sacco di circuiti. L'avete solo sfiorata con un dito, oh, così delicatamente, e l'avete gustata solo un poco, ma ora è arrivato il momento di portarla nella vostra vita.

Nella nuova energia non c'è nulla di cui aver paura. A volte la paura è associata alla vecchia energia vibrazionale, perché essa contiene la polarità. A volte sentite un'ondata di vecchia energia che entra nella vostra vita e diventate ansiosi, perché essa contiene un sacco di schemi della vecchia energia. Nonostante vogliate e desideriate energia, siete anche riluttanti perché, beh è un altro bel mucchio della solita vecchia roba.

La nuova energia è adesso in uno stato puro. È in uno stato d'essere molto semplice, pronta a entrare. Il punto delicato per voi, e anche per noi, sta nel fatto che risponde in modo totalmente diverso e il suo potere è praticamente sconosciuto.

LA NUOVA ENERGIA E LA MENTE

La nuova energia è molto potente e pura. Ha un modo particolare di stravolgere la mente. Non funziona bene con la mente; di questo ce ne siamo proprio accorti. È logico, o dovrei dire naturale, che non funzioni tanto bene con la mente. La mente è uno strumento della vecchia energia. Abbiamo parlato a lungo della mente in queste lezioni, ma la vostra mente ha assorbito l'energia vibrazionale e ha lavorato con lei, seguendo i suoi schemi. La vostra mente si è schematizzata e segue il tran tran della vecchia energia.

La nuova energia non funziona bene con la mente. Una delle difficoltà sarà fidarsi di voi stessi a sufficienza per uscire dalla mente. A questo punto stiamo penetrando alcuni dei principi divini di cui si è parlato per migliaia e migliaia di anni nelle Scuole Misteriche. Stiamo andando oltre la mente umana, dentro la mente divina. La divina intelligenza non possiede giudizio, non usa quello che voi chiamate analisi, non usa la logica lineare né la logica gerarchica.

La mente divina è compassionevole, semplice e onora, mentre la mente umana è molto complessa. Gongola per la propria complessità. Le persone intelligenti e brillanti sono tendenzialmente persone complesse, ma prima o poi diventano piatte e banali.

Dovrete affrontare delle difficoltà – come avete stipulato – quando incomincerete a lavorare con l'intelligenza divina. Essa va ben oltre l'intelligenza umana. Non è un database e non definisce le possibilità e i potenziali futuri sulla base di ciò che è avvenuto in passato. Il divino non lo fa e basta. Il divino comprende un principio molto semplice: tutto è bene in tutta la creazione; quindi tutto è un'esperienza grandiosa.

La mente divina è una mente che ha una grande fiducia. Comprende che, usando le parole di Tobias, *non ha importanza*. Desidera esplorare piuttosto che proteggere e questo potrebbe essere una sfida per alcuni di voi. Mentre la condizione e la mente umana hanno cercato la protezione, la salvezza e la sicurezza, il divino, combinato con la nuova energia, non se ne preoccupa. Ci saranno momenti in cui il vostro sé umano si metterà a urlare a piena voce: "Proteggimi, salvami!

Capite che al divino non importa? Non ha bisogno di proteggervi da niente. Quello è un credo artificiale. Proteggervi da che cosa? Dall'amore che avete già dentro di voi? Dallo stato ascensionale che avete già raggiunto e che adesso state sperimentando su come avete fatto ad arrivarci? Deve proteggervi dal fatto che tutto è in un perfetto stato d'essere? È tempo di rilasciare il vecchio sistema di credenza, impresso molto tempo fa, per cui l'oscurità o un'altra forza può impossessarsi di voi. Non funziona. Sono stati fatti dei tentativi – anche voi ci avete provato con altri e loro con voi – ma non funziona.

Gli altri non possono né usarvi né annientarvi. Non potete rimanere imprigionati in una realtà specifica – ad esempio la Terra – per l'eternità. Voi tutti siete veramente degli esseri sovrani. Non c'è niente di cui preoccuparsi. Il concetto di protezione, fortificazione e difesa vi ha procurato più frustrazioni e difficoltà di quanto ne valesse la pena.

LA TUA NUOVA ENERGIA

La nuova energia è qui. Sta aspettando. È *reale*. Non è solo un concetto. È stata un concetto per eoni di tempo. È stata profetizzata; l'avete chiamata il Secondo Avvento. Vi siete incarnati in altre vite pensando che fosse vicino, con anticipo, per prepararvi, per parlare della nuova era e dei tempi nuovi. E ora è qui, adesso, rappresentato da questa palla. [*Adamus tira un pallone in mezzo al pubblico*] La domanda è: siete pronti?

La nuova energia è molto diversa dalla vecchia energia. [*La palla colpisce qualcuno che esclama "Ow!" e Adamus ridacchia*] Visto? La nuova energia può avere un grande effetto! [*risata*] Ha un'aria innocente, ma è alquanto potente quando collide con le credenze della vecchia energia.

La vecchia energia era stata creata dal desiderio dell'anima di ritornare a Casa. La nuova energia è il risultato del ritorno al Sé, ossia la fusione della dualità.

Quando avviene la fusione, non c'è più una separazione tra maschile/femminile, separazione tra luce/oscurità, separazione tra umano/spirituale. L'illusione sparisce. Evapora. L'illusione della separazione va via. Non cercate più di riportare l'energia della Dea – tanto anni '70. Non avete bisogno di portare la luce nel mondo – tanto assistente sociale. Non avete bisogno di cercare il sé superiore, perché non c'è un sé superiore. Ci siete solo Voi.

Non avete bisogno di fare discussioni filosofiche o dibattiti religiosi. Il bisogno di una religione cesserà di esistere nel momento in cui realizzate che non esiste separazione. Non c'è salvezza. Non c'è redenzione. C'è solo consapevolezza.

Quando la dualità si fonde insieme, quando non c'è più l'illusione della luce/oscurità, del maschile/femminile, del buono/cattivo, *allora si crea la nuova energia*. È diversa dalla vecchia energia. La vecchia energia era il combustibile per il razzo che pensavate di usare per tornare a Casa. Quando la dualità incomincia a fondersi nell'unità, crea nuova energia.

Da dove pensate che arrivi la nuova energia? Da Dio? Dio non è la risposta. Davvero! Dio è la vecchia energia – e, vedete? Non sono caduti fulmini dal cielo, quando l'ho detto. Dio sta sorridendo in questo momento. Dio è la vecchia energia, perché voi siete la vecchia energia.

Lo Spirito vi ha dato il dono della sovranità. Lo Spirito ha deliberatamente creato la propria separazione e cosa credete che stia succedendo allo Spirito ora, adesso? La fusione, lo Spirito, ritorna a fondersi in voi. Lo Spirito è tornato a casa da *voi*. Non siete voi che andate a casa dallo Spirito; è lo Spirito che viene a casa da voi.

Facciamo insieme un respiro profondo.

Lo Spirito è la vecchia energia, perché *voi* siete stati concepiti nella vecchia energia. Ma quando ognuno di voi conosce sé stesso, uno e completo, nemmeno lo Spirito è più vecchia energia. Voi e lo Spirito ricorderete sempre da dove siete venuti, ricorderete sempre il percorso che vi ha portati qui. Non lo dimenticherete mai, non verrà mai cancellato. Ricorderete, con grande gioia, ogni esperienza difficile e ogni momento meraviglioso di ogni vita che avete vissuto da sempre. Vi chiederete come mai non avete permesso a voi stessi di ricordare durante il vostro percorso o come mai avete creato la separazione. Direte, e ve l'ho già sentito dire: "Perché non mi sono concesso anche solo un pezzetto di memoria, che mi avrebbe reso molto più facile il cammino?"

La nuova energia si crea quando tornate a voi stessi, senza più separazioni, non più a pezzi. Sentirete ancora molto l'influenza della vecchia energia durante la vostra vita, perché è nel mondo che vi circonda. È dovunque, nella coscienza di massa, negli aspetti vostri che non si sono ancora integrati, ma avrete un elemento di nuova energia nella vostra vita. È qui, ora, adesso.

La nuova energia è espansionale, piuttosto che vibrazionale. Si espande in ogni direzione contemporaneamente, anche attraverso il tempo e lo spazio. In altre parole, adesso può essere usata in un contesto spaziale e temporale, ma non può essere limitata dal tempo, dallo spazio, dalla mente, da regole, schemi o dalla storia. Non cercate di confinare la nuova energia che arriva nella vostra realtà.

Ricordate la brillante lezione di Tobias sui quattro elementi, rappresentati dalle quattro biglie? Aveva parlato di un elemento di luce, uno di oscurità e un elemento neutro. Questi erano gli elementi basilari della realtà. L'equilibrio dell'energia oscillava costantemente tra la luce, l'oscurità e il grigio. Ciò rappresentava l'equilibrio e l'oscillazione della dualità o, come direbbe qualcuno, la costante lotta tra la luce e l'oscurità per il dominio e il controllo.

La natura della realtà si è basata sul movimento di questi elementi fino a quando è apparso un quarto elemento, all'improvviso. Era molto diverso dagli altri elementi perché era chiaro. La chiarezza del nuovo elemento era estranea agli altri tre elementi originali. La luce e l'oscurità, che si sono sempre odiate a vicenda e che si sono sempre fatte la guerra per avere il controllo, improvvisamente si sono alleate. Hanno cercato di eliminare la biglia chiara perché era così diversa e, potenzialmente, avrebbe potuto far finire l'eterno gioco della luce contro l'oscurità.

Quando la nuova energia fa capolino nella coscienza, una parte di voi cerca di rifiutarla perché non è conforme ai vecchi schemi. Delle parti di voi, specialmente la mente, la recepiscono come un pericolo per la vostra stessa vita. La vostra luce e la vostra oscurità opporranno una strenua resistenza; tutti i residui della dualità che sono in voi ne saranno terrorizzati. Perché? Perché segna la fine del vecchio gioco e senza quel gioco, chi siete voi? O, almeno, la vostra vecchia identità la pensa così.

LA TUA NUOVA ENERGIA

Voi avete creato la nuova energia perché avete contemplato come avrebbe potuto essere ritornare a voi stessi, essere un Corpo di Coscienza integrato. È vostro, lo avete creato voi. Per il momento è ancora molto personale, ma si espanderà nel resto della creazione, perché non potete mai possedere quello che create.

Potete farne uso. Potete amare quello che create. Potete provare una passione enorme per le vostre creazioni, ma non le possederete mai. Prima o poi, esse vogliono esprimersi a modo loro. Prima o poi, l'energia deve fluire. Il dono più sacro che lo Spirito vi ha dato è la sovranità del libero arbitrio. Lo Spirito ha dichiarato: "Va e conosci te stesso."

La nuova energia sta entrando nella vostra vita. Ha un aspetto diverso. È diversa al tatto. Ha un profumo diverso. È *te*, ma in un modo che voi non avete mai sperimentato. Non viene da Dio. Non viene da me. È vostra. Osservatela. Giocateci insieme. Uscite dalla vostra mente.

Nelle mie ultime lezioni ho messo molta enfasi sul sentire, sulla consapevolezza sensoriale. Uscite dalla vostra mente, perché la mente non può capire la nuova energia. Ecco perché vi ho chiesto di impratichirvi a non usare le parole quando comunicate con gli esseri angelici e con gli animali domestici, perché le parole vengono dalla mente. La vostra comprensione della nuova energia non verrà dalla testa, verrà dal cuore e sarà semplice.

Avrete la tentazione di sezionarla, analizzarla e definirla. Per favore non fatelo. Alcuni di voi scriveranno dei messaggi sul sito [*del Crimson Circle*]: "Ho scoperto la nuova energia e si presenta così." No. Non cercate di descriverla; *fatene l'esperienza*. Non cercate di dire alle persone che vi stanno vicino come possono fare per averla, perché è molto personale e cercare di definirla vi riporta immediatamente indietro nelle dinamiche della vecchia energia. Non c'è bisogno di essere il primo. In altre parole, non alimentate quella cosa dell'ego che dice "ci sono arrivato prima di te".

È un'esperienza personale e sacra che va oltre le parole. È un'esperienza sessuale divina e non mi riferisco ai vostri organi riproduttivi. Parlo di un'esperienza sessuale pura, che viene dal cuore. Il vero amore c'è quando il maschile e il femminile si innamorano l'uno dell'altro a tal punto che non hanno più bisogno di mantenere separate le loro identità.

COME USARE LA NUOVA ENERGIA

Ora chiederete: "Come faccio ad applicare la nuova energia alla mia vita? Cosa devo fare, ora?" Respirate. Questo è un buon modo di cominciare. Respirate.

La nuova energia è aspaziale e atemporale Alcuni di voi hanno fatto ricerche scientifiche e psichiche sul tempo e sullo spazio. È un dibattito interessante, ma non è accurato perché voi considerate il tempo e lo spazio in modo lineare. Chiedete: "Non è che succede tutto contemporaneamente?" No, non proprio. Poi chiedete: "Posso viaggiare indietro nel tempo? Voglio tornare indietro e cambiare il mio passato." Questa è una cosa della mente, è lineare e quindi non funziona. Potete trascendere il tempo e lo spazio, ma non nel modo che credete. Dite: "Voglio andare nel futuro per vedere cosa mi succederà. Voglio sapere come andranno i mercati finanziari." Volete sapere cosa accadrà. Non potete andarci così, perché in questo modo pensate alla natura lineare della realtà.

La nuova energia è atemporale e aspaziale. Non ha le limitazioni dell'esistenza lineare. In altre parole, non incominciate a pianificare. Non createvi obiettivi. Non ipotizzate quello che accadrà domani.

La vera nuova energia avviene in questo momento. Questo momento non ha né tempo né spazio. Ciò non vuol dire che vivrete adesso e nello stesso momento ogni esperienza che la vostra anima sperimenterà. Vuol dire, per usare le profonde parole di Tobias, che *non ha importanza*. In questo momento non importa che cosa è accaduto ieri né cosa accadrà domani. Non ha più importanza.

Il cammino umano si basa sul desiderio di un'esperienza lineare. In altre parole: "Cosa accadrà domani?" Se volete fare l'esperienza del vostro sé più profondo che non si è mai veramente separato, è in questo momento.

Che cosa state aspettando, il 2012? Aspettate di portare a termine quel tal progetto? Aspettate di andare a vivere in un'altra città? Che un Maestro vi venga a parlare? Di perdere peso? Aspettare un accadimento farà ritardare la nuova energia, perché anche la nuova energia aspetterà.

È il gioco dell'attesa. Lo chiamo anche il gioco del destino – "Devo aspettare per vedere che cosa mi succederà. Devo aspettare di finire questa cosa." Basta. È ora, adesso. Non mi interessa quanto voi crediate di essere pazzi, quante cose brutte avete fatto, quante brutte abitudini avete né quanti fallimenti avete vissuto. Sapete quanti fallimenti ho vissuto io prima di diventare un Maestro? Solo uno. È vero, perché, in definitiva, niente è davvero un fallimento. Il mio fallimento fu che mi ci volle così tanto tempo per scoprire come uscire dalla mia prigione di cristallo e la risposta era sempre stata lì. Ma, come alcuni di voi, io giocavo il gioco del "Come faccio a uscire da qui?", invece di uscire e basta.

Adesso è il momento – ora, adesso, al di là del tempo e dello spazio, al di là dell'attesa, *ora, adesso* – per avere l'assoluta connessione con voi stessi, per portar dentro la nuova energia, per uscire dalla mente ed entrare nella consapevolezza. Non aspettate un altro momento. Il momento è ora, adesso.

SALTI DI CONSAPEVOLEZZA

Ci sono stati diversi salti di consapevolezza importanti. Uno immediatamente dopo la Seconda Guerra Mondiale – un grande salto di consapevolezza – seguito da cambiamenti tecnologici. C'è stato un altro salto all'inizio degli anni Sessanta – un enorme salto di consapevolezza – che ha aperto la strada a ulteriori sviluppi tecnologici.

Guardate cosa è accaduto alla fine degli anni Sessanta e all'inizio degli anni Settanta per quel che riguarda lo sviluppo della tecnologia. Quando si espande la coscienza, seguono i cambiamenti nella tecnologia, nella medicina, nella scienza, negli affari.

Come sapete, c'è stato un grande salto nel 2001. Ha influenzato i valori e la morale, il che sta portando ora a un cambiamento tangibile nella finanza e nei governi e, fino a un certo punto, nelle religioni. Il cambiamento di coscienza di allora si sta manifestando ora nella realtà.

C'è stato un altro grande salto nel 2007. È passato inosservato alla maggior parte delle persone in tutto il mondo, ma è stato monumentale. Non doveva arrivare a mo' di tempesta. È arrivato come un invito benevolo. È stato chiamato il Salto Quantico e la maggior parte di voi vi ha preso parte in un modo o nell'altro. Ha aperto la strada a nuove tecnologie stupefacenti, anche se molte sono solo sul desktop, per così dire. Non sono ancora state ben fissate.

Il cambiamento di coscienza che è avvenuto nel 2007 porterà, alla fine, a nuove soluzioni energetiche, a soluzioni mediche incredibili come la rigenerazione delle cellule staminali e a scoperte incredibili riguardo a una delle problematiche più grosse che l'umanità deve affrontare – l'energia combustibile. La maggior parte degli umani non vuole prendere in considerazione il fatto che il mondo sta consumando la vecchia energia fossile come combustibile a un ritmo tale che esaurirà le risorse entro i prossimi 30 anni circa.

Sì, c'è ancora un mucchio di petrolio e di gas là sotto. Ma il buonsenso vi dice: "Anche se c'è abbastanza petrolio per i prossimi 10.000 anni, non stiamo inquinando l'ambiente?" Non stiamo danneggiando quel dono che si chiama Terra che Gaia ci sta cedendo?" Così, anche se ci fossero tante più risorse combustibili, il buonsenso dice: "Ma se continuiamo a usarle a questo ritmo, continuiamo anche a creare problemi a noi stessi per via del clima e dell'ambiente."

C'è bisogno di creare delle soluzioni. Dietro l'angolo, ci sono, proprio ora, alcune brillanti scoperte tecnologiche e, cari amici, non sono né il solare né l'eolico. Secondo la mia opinione quelle sono solo distrazioni. C'è, a disposizione, un'energia pura e stupefacente. Prendiamo la fusione nucleare a freddo, ad esempio. In laboratorio sono stati fatti diversi esperimenti di fusione a freddo che hanno avuto successo. Ma è accaduta una cosa strana: non riuscivano a ottenere di nuovo gli stessi risultati. Hmm!

Gli esperimenti di fusione a freddo erano effettivamente riusciti. Essi producevano energia senza significanti scorie negative, a differenza del nucleare. Ma i ricercatori non erano capaci di ripetere o duplicare i risultati e, di conseguenza, furono criticati dai loro colleghi e dai loro pari. Cosa pensate che stesse succedendo? È la nuova energia! Non dà le stesse risposte, nemmeno nelle medesime condizioni.

I ricercatori erano in grado di usare qualcosa di simile alla nuova energia. In altre parole, non era esattamente la nuova energia, era più come un'ombra della nuova energia. L'hanno intercettata attraversando il tempo e lo spazio e hanno creato la fusione a freddo. Questa è una delle tante risorse di combustibile della nuova energia che vi stanno venendo incontro.

Prestate attenzione alla tecnologia. Ci sono soluzioni tecnologiche che sono sul punto di venir fuori. Ci stanno lavorando nei laboratori, ma manca loro un piccolo componente.

Sono sulla strada giusta, ma non ci sono ancora arrivati. Non troveranno il componente mancante né quell'altro piccolo elemento fonte di frustrazione finché la consapevolezza non si espanderà un po' di più. La tecnologia e la scienza seguono sempre la consapevolezza.

Cosa succede adesso, ora che state espandendo la vostra coscienza in questa stanza? State mettendo le basi per i potenziali di altri, quelli che lavorano per risolvere alcuni dei problemi e delle problematiche che riguardano le malattie, l'energia combustibile e l'ambiente. Il lavoro che fate con la vostra consapevolezza ha un impatto sui potenziali dell'umanità. La consapevolezza di una persona può fare la differenza; per questo sono onorato di lavorare con voi.

Capitolo Otto

POTENZIALI E MANIFESTAZIONI

POTENZIALI E REALTÀ MULTIPLE

Potete sperimentare più di una realtà alla volta. Siete abituati a scegliere una realtà e a focalizzarvi su quella e, di conseguenza, credete che sia l'unica cosa che avviene. Invece, il passato, il presente e il futuro sono pieni di una miriade di potenziali e quei potenziali sono attivi e validi come i potenziali di cui ora state facendo l'esperienza.

Vi siete familiarizzati con la manifestazione dell'esperienza singola, nel senso che, generalmente, siete consapevoli solo di un'unica realtà lineare. Per esempio, scegliete un programma da guardare questa sera alla televisione. È molto comodo, ma la realtà è che, di fatto, siete consapevoli di poter guardare molti programmi televisivi diversi, tutti allo stesso tempo. Questo si chiama manifestazione multipla oppure consapevolezza di eventi simultanei che avvengono nello stesso momento. Anche se sembra interessante, all'inizio può essere molto sgradevole. Avete trascorso molte vite a focalizzarvi su una sola manifestazione della realtà alla volta e la mente ora crede di saper processare una sola esperienza lineare alla volta. Ma, in realtà, ne potete gestire molte.

La vostra mente analitica si chiederà come questo sia possibile. Come fate ad avere più sogni contemporaneamente?

Come fate a leggere un libro e pianificare una festa contemporaneamente? Come potete viaggiare su un treno e contemporaneamente fare fotografie su una spiaggia?

È molto probabile che dobbiate affrontare delle sfide e che possiate persino credere che vi perderete, che perderete il vostro senso di identità se cadete nella tana del lupo. Questo perché anche la vostra identità si basa su una realtà lineare singola, anche se non è che debba essere così. Potete fare l'esperienza di manifestazioni multiple contemporanee. Incominciate a giocare con questa cosa, a immaginarla e scoprirete che quello è un naturale stato d'essere.

VISIONE PERSONALE

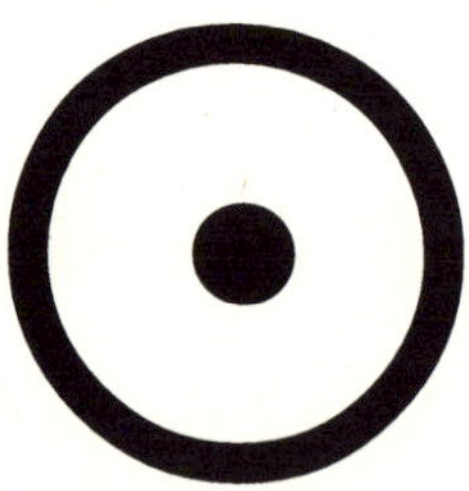

Questo simbolo, il punto dentro a un cerchio, è conosciuto anche come il *circumpunto*. Il punto al centro rappresenta la Sorgente, Tutto ciò che Era, l'Uno Eterno. Potreste anche dire che è il simbolo della vostra anima o del vostro divino. Il cerchio esterno rappresenta l'espansione o il percorso della vostra anima. Contenute nel cerchio ci sono tutte le esperienze che avete vissuto – vite passate, esperienze passate, ogni cosa che vi è accaduta finora.

Il cerchio rappresenta anche qualcos'altro di molto significativo. È un involucro protettivo. Cosa state proteggendo? La vostra anima, il vostro divino. Perché? Perché pensate che l'anima, il punto, sia puro e fragile. Non volete che venga inquinato da tutti gli influssi esterni o da tutte le forze della dualità. Credete erroneamente che, mantenendo una protezione attorno alla vostra divinità, l'oscurità non possa entrare. Invece, il problema vero è che la vostra oscurità è già dentro, come lo è la vostra luce.

Il vero problema non è che lasciate fuori l'oscurità. Il vero problema è che state tenendo dentro l'oscurità.

Questo tentativo di proteggere il divino ha limitato l'espansione della vostra consapevolezza, ma è molto facile da rimediare. Fate un respiro profondo, fate la scelta conscia di espandervi, con audacia e senza paura, ricordate che, qui fuori, non c'è davvero niente di cui preoccuparsi [*Adamus indica un'area fuori dal cerchio*]. Qui fuori ci sono solo i potenziali del vostro futuro e, siccome avete l'arbitrio divino e la divina scelta, non sceglierete niente che non sia per il *vostro* bene superiore. E se è per il vostro bene superiore, potete star certi che sarà anche per il bene superiore degli altri.

Lì fuori [*di nuovo indica un'area fuori dal cerchio*] ci sono a disposizione potenziali raggianti. Sono quasi illimitati. Quei potenziali sono vasti quanto la vostra immaginazione e, che ci crediate o no, li avete creati tutti, uno a uno. Ce ne sono di esilaranti e di entusiasmanti oppure di deprimenti e tristi. Ce ne sono di paurosi. O di gioiosi. Voi e solo voi potete scegliere quali potenziali volete sperimentare. Potete anche scegliere più di un potenziale per sperimentare cosa voglia dire avere la consapevolezza di manifestazioni multiple.

Nessun potenziale di altre persone può interferire con il campo dei vostri potenziali, a meno che non sia per vostra scelta e con il vostro permesso e voi non potete interferire con il loro, a meno che loro non lo permettano.

Ovviamente, la maggior parte degli umani lo permette, almeno a un livello inconscio. Ma se sceglíete la vostra sovranità, lasciate andare la presa, mollate la coscienza di massa e lasciate andare la fede nel destino, potrete sperimentare la bellezza dei vostri potenziali.

Nel campo dei vostri potenziali [*tutto ciò che è fuori dal cerchio*] non c'è bisogno di destino, fato, predestinazione o il comando di un dio esterno. È tutto vostro. Abbastanza semplice! Perché gli umani lo vogliono rendere complesso? Forse amano l'illusione di una forza che guida e/o controlla la loro vita. Forse amano fare l'esperienza del potenziale che devono avere il buono e il cattivo. Ma, in questo momento sacro e sicuro che condividiamo, potete scegliere quello che *voi* volete.

IMMAGINARE

La mente è una scatola. Cioè è limitata. È lineare. La mente non riesce davvero a immaginare. Finge di sapere come immaginare, ma la sola cosa che fa la mente è attingere alla memoria e cercare di creare un'immagine per il futuro. Quindi, di solito, le immaginazioni della mente sono molto limitate.

La mente non può assolutamente vedere o percepire quello che c'è lì fuori, nel vostro campo dei potenziali. Ecco perché, molto spesso, quello che pensate che siano i vostri sogni o i vostri obiettivi nella vita non si manifestano nel modo che vi piacerebbe, perché provengono da una falsa sorgente. Ma voi, come Corpo di Coscienza, sapete immaginare e sognare.

Quello che è accaduto dieci anni fa *non ha importanza*, non siete veramente voi. A volte vi piace credere che siete voi, ma non lo siete veramente. Quello che è accaduto nella vostra ultima vita non siete voi. È parte dell'esperienza della vostra anima, questo sì, ma non siete voi. Voi siete la vostra consapevolezza in questo momento dell'Adesso.

La vostra consapevolezza nel momento dell'Adesso è rappresentata proprio qui [*dentro al cerchio*]. I potenziali di una nuova esperienza sono qui [*fuori dal cerchio*]. Quindi, come fate a portare i potenziali nell'area della vostra realtà, nel momento dell'Adesso? Non fate un viaggio nel futuro. Espandete, invece, la vostra consapevolezza nel momento presente per includere più che potete quello che voi *potete* essere. Questa è la Fisica Spirituale Secondo *Adamus*. Espandete la consapevolezza tramite l'immaginazione, ricordando che non è proprio la mente che lavora, ma piuttosto è l'intero Corpo di Coscienza.

Ma, la domanda importante è: che cosa vuoi?

Ho già fatto questa domanda al pubblico e non sono ancora soddisfatto delle risposte. Non credo che le persone – anche quelle semi-illuminate – sappiano che cosa vogliono. Sanno dire che cosa *non* vogliono, ma effettivamente sono arrivato alla conclusione che hanno paura di definire che cosa *vogliono*.

Cosa succede se siete audaci e coraggiosi, se vi immaginate nel campo dei potenziali e se poi ne scegliete davvero qualcuno?

La domanda, allora, si trasforma in: "come scegliete un potenziale?" Usate un'espressione vaga del tipo "gioia e felicità"? O usate un potenziale specifico come "un lavoro eccellente con una paga pari a 100.000 euro l'anno, una BMW 7 e un golden retriver"?

Io dico che usare una scelta troppo vaga come "Voglio essere felice" è piuttosto blanda perché non sono sicuro che sappiate cosa sia la felicità, a parte guidare una BMW 7. Fare una scelta del tipo "Voglio 30 studenti nella mia classe" è molto limitante e, inoltre, dipende da altri umani perché si realizzi. Quindi, la domanda è: come sceglie un creatore consapevole? E non è una domanda trabocchetto.

Come si sceglie è: che cosa ti *ispira*? Che cosa ti fa sentire che ti espandi? Che cosa ti fa sentire completo e un tutt'uno? In altre parole, segui il tuo sentire. *Che cosa senti giusto per te?*

Allora, non dovete incominciare a mettere le etichette o dare un nome ai diversi potenziali. Non dovete incominciare a etichettarli come cose, tipo "lavoro", "soldi", "illuminazione", perché i potenziali in realtà non hanno etichette né definizioni umane.

I potenziali sono energie in uno stato neutro che può venir attivato da voi. Il vostro campo di potenziali non è definito da cose come salute, denaro, illuminazione, o da altri fattori a base umana. Di fatto, i potenziali sono sentimenti sensoriali profondi.

Ecco cosa suggerisco:

1. Chiudi gli occhi, rilassati e fai dei respiri consapevoli per cinque minuti.

2. Immagina il tuo momento nell'Adesso, rappresentato dal cerchio esterno nel nostro diagramma ed espandilo esternamente.

3. Sorridi. Rilassati. Non aspettarti di udire voci o di vedere delle immagini. *Permettiti* di sentire.

4. Senza andare nel mentale, "sentiti" dentro le energie. Gioca con loro. Sperimenta la differenza man mano che continui a espanderti.

5. Dopo aver giocato per un po' con le energie, scegli qualcosa e immagina di toccarlo con il dito indice.

6. Fai un respiro profondo. Rilassati.

7. Dimentica tutto. Cioè non rifletterci su. Torna a fare qualsiasi cosa stessi facendo prima, sapendo, però, che le energie ora stanno entrando per servire te.

LA FISICA SPIRITUALE DELLA SCELTA CONSAPEVOLE

Per qualche ragione, quando parlo con un umano, la cosa che mi viene più difficile è far passare questa idea della scelta. Posso raccontare di come Yeshua sia morto sulla croce, ritornato in spirito per lavorare con Maria Maddalena, di come l'abbia messa incinta con il suo corpo di luce, di come abbiano avuto due figli; per gli umani è più facile parlare di questo che fare una scelta per la loro vita. A proposito, quella è una storia vera. Mi viene più facile parlare agli umani di forme di vita aliene, di navicelle spaziali che vengono a visitare la terra, piuttosto che parlare di fare una scelta.

Se vi dicessi che domani cinque UFO saranno avvistati sopra Città del Messico e che uno avrà perfino un contatto con gli umani, andreste in internet per raccontarlo a tutti. Ma non vi emozionerebbe fare delle scelte consapevoli e creare la vostra realtà? Vi emozionerebbe tanto da non dormire la notte? Vi emozionerebbe tanto da non vedere l'ora che arrivi domani perché vi appartiene? Probabilmente no.

Il concetto di scelta consapevole, per creare la vostra realtà, è difficile. MA non è drammatico, in realtà è molto, molto bello.

Questo punto rappresenta Casa, che alcuni di voi chiamano Paradiso, Tutto ciò che Era, Dio, Creatore, la Sorgente. Dio ha chiesto: "Chi sono Io? Io esisto, ma chi sono Io?" Questa domanda ha fatto sì che Dio si innamorasse di Dio, perché nel momento in cui contempli chi veramente sei, non puoi fare a meno di innamorarti di te stesso.

Quell'amore ha creato un'enorme esplosione. I vostri astronomi la chiamano Big Bang ma, in realtà, è stato il risultato dello Spirito che si innamora di Sé. Questo amore ha creato scintille divine, esseri con l'anima, voi e io, in modo che lo Spirito potesse scoprire sé stesso di nuovo e ancora e ancora di nuovo. Attraverso di voi, lo Spirito fa l'esperienza dei tramonti, di cosa vuol dire mangiare del cibo, la bellezza delle opere d'arte, e l'intimità di un rapporto. Lo Spirito ora conosce la vita per mezzo vostro.

Quando avete lasciato la consapevolezza di Casa, il conforto della Sorgente, non c'era nient'altro che Casa. Perfino lo Spirito non sapeva cosa ci fosse lì fuori. Non c'era niente. Voi avete attraversato il *Muro di Fuoco*[9], una metafora dei confini della consapevolezza. L'avrete anche sentito chiamare "il Grande Sole Centrale". È un altro modo di chiamare "Casa".

Quando arrivaste all'orlo della consapevolezza, al Muro di Fuoco, la vostra anima nuova si frantumò in bilioni e bilioni di pezzi. Questa alchimia formò la vostra identità dell'anima individuale, qualcosa che non potrà mai e poi mai venirvi tolta.

10. Vedi Glossario.

Nella frantumazione entro il Muro di Fuoco avete creato tutti i potenziali di ogni cosa che avreste mai sperimentato. Questa è una cosa quasi impenetrabile per la mente umana. Avete creato il potenziale di ogni vita, ogni azione, ogni pensiero e ogni parola e non solo quelle di cui avete fatto l'esperienza, ma anche quelle di cui non avete mai fatto l'esperienza. Nel Muro di Fuoco avete creato e percepito ogni potenziale che avrebbe potuto essere conosciuto dall'anima vostra. Quindi, il potenziale di tutto quello che voi potreste fare o essere esiste già. Allora, adesso scegliete quale potenziale volete manifestare. Da questo punto di vista vi potete rendere conto di quanto facile sia essere un creatore, perché voi l'avete già creato. Niente è veramente nuovo, se non l'esperienza di vivere il potenziale.

Quindi, quando dico: "Che cosa succederà domani?" e poi dico: "Scegliete," quello che scegliete sta in un meraviglioso spiegamento di potenziali che già esistono. Quando dico: "Scegliete quello che volete," è un po' come se voi raggiungeste il Muro di Fuoco, prendeste un potenziale e lo portaste nell'Adesso. Qualunque cosa è possibile. Avete già creato il potenziale per quella cosa e ora state solo scegliendo quale esperienza fare. È già qui.

Dopo tante, tante, tantissime vite, avete dimenticato tutto sullo scegliere e il manifestarsi e avete smesso di credere in voi stessi. Quando cercate di scegliere, la scelta viene dalla mente e sentite che è goffa. Oltre a questo, avete una sovrastruttura ipnotizzata che vi rimanda a cose come il karma, il destino e il fato. Siete diventati pigri, miei cari. Siete contenti di passare la vostra responsabilità divina a qualcun altro o qualcos'altro e poi vi lamentate della vostra vita. Io sostengo che non è più la vostra vita. Ecco perché dico che gli umani non hanno più un vero libero arbitrio. Lo hanno dato via.

Se lavorate con questi concetti scoprirete che è molto facile abbracciare e manifestare qualunque potenziale scegliate. È già lì; sta a voi scegliere se volete che si esprima e che si manifesti.

SBLOCCARE IL PASSATO

Ho un interesse strettamente personale riguardo al prossimo argomento. Ci metteremo a esplorare i potenziali bloccati o nascosti del passato. Il passato contiene una quantità enorme di amore. Il passato sta cercando di creare un legame con la nuova energia, ma una gran parte del passato è bloccata nella storia e nei sistemi di credenza.

Sarebbe bene che buttaste via tutta la storia, perché è scritta in modo lineare. Questo vale sia per la vostra storia personale che per la storia del pianeta, più tutto quello che credete di sapere su come sia stata creata la Terra e su come si sia evoluta. Quello che credete di sapere non è altro che un frammento di verità.

Guardate nel passato e dite: "Adamus, io ho un passato ben preciso." Proprio per niente. Dite: "Ma, Adamus, guarda, queste sono le mie fotografie da quando sono nato fino a ieri. È precisissimo." State guardando solo un frammento del vostro passato.

Gli altri potenziali del passato sono stati messi sotto chiave, nascosti, sepolti con molta, molta furbizia, in modo da farvi pensare che siete una cosa sola e non farvi sapere chi siete veramente. Li avete messi sotto chiave, avete lasciato che altri li nascondessero al posto vostro e vi siete limitati in uno spettro molto ristretto. La persona che pensate di essere *non* è chi siete veramente. Forse questa, per alcuni di voi, è una benedizione! I potenziali passati sono vivi e stanno bene. Essi sono le altre realtà su cui non vi siete mai focalizzati e tuttavia sono reali tanto quanto quelli su cui vi siete focalizzati.

Ci sono draghi e demoni a guardia delle porte del passato. Ce li mettete voi, in parte per proteggervi, in parte per il vostro senso dell'illusione, in parte per la vergogna che avete provato per cose fatte nel passato. Adesso andiamo nel passato a vedere gli altri potenziali. Questo cambierà il vostro passato. Non cambierà necessariamente il passato di qualcun altro, ma cambierà il vostro. Siete pronti? Hmm, non dite di sì finché non avete letto i codicilli scritti in piccolo!

La persona che vedete nello specchio non è una buona rappresentazione di chi siete realmente. Andando nel passato, vedrete cose che forse non vorreste vedere – con gli occhi dell'umano che siete stati finora. In altre parole, uno o due anni fa non sareste stati pronti, ma ora lo siete.

Starò con voi a ogni passo del cammino. Ve lo prometto.

C'è un entourage che lavora con me; siamo collegati con i Maestri ascesi che tornano sulla Terra adesso; ci sono aspetti di voi con cui noi comunichiamo e ci connettiamo continuamente. Sarò con voi a ogni passo del cammino. Non chiedetemi di fare il cammino al posto vostro e non chiedetemi risposte, ma io sarò con voi.

Non scappate via da me e non nascondetevi, anche se so che lo farete. Ci saranno momenti in cui sarete talmente imbarazzati di voi e delle vostre azioni che desiderereste che io non fossi qui. Farete finta che io non ci sia e quindi, secondo voi, non ci sarò. Ma, secondo me, io ci sarò.

Miei cari, andiamo nel passato per scoprire il futuro. Ve lo ripeto nel caso vi foste addormentati: state per andare nel passato per scoprire il vostro futuro. Andiamo nel passato per aprire la porta a un'energia molto dinamica, piena di amore, ma talvolta spaventosa, in modo che non siate più intrappolati nella vostra prigione. Vi siete messi a ridere quando vi ho detto che sono rimasto in un cristallo per 100.000 anni. Per quanto tempo siete rimasti nel vostro? La vostra prigione è il vostro passato e questa è la vostra condanna.

Se andate nel passato e lo sbloccate in ogni sua parte, il presente cambia. Il passato cambia. Cambia il corso della vostra storia. Cambia tutto. Scoprirete cose di voi che vi sorprenderanno.

[*A questo punto Adamus ha fatto fare al gruppo l'esperienza del loro passato, perché vedessero gli "altri" potenziali delle loro vite. Se ti piacerebbe fare questa esperienza personalmente, per favore trova uno spazio tranquillo, dove puoi rimanere indisturbato per 45 minuti ininterrottamente, e poi chiedi con estrema chiarezza ad Adamus di guidarti in questa esperienza.*]

IL FUTURO E L'ADESSO

Ora andremo nel futuro e nei suoi potenziali. Non creeremo il futuro per l'umanità, non attiveremo portali né faremo delle iniziazioni per la Terra. Andiamo con il sentire nei *vostri* potenziali. Andiamo a vedere il vostro set di creazioni che sono lì fuori nel futuro. Non vedo l'ora di fare questo viaggio con voi, così che possiate essere consapevoli dei vostri potenziali futuri.

Qualcuno, lì fuori, ha un deposito di rigattiere. Qualcuno ha talmente tanta paura del futuro che il futuro sembra fermo. Se un sensitivo tradizionale buttasse un'occhiata a quel futuro, direbbe con voce soffocata: "Non ce n'è molto."

In realtà c'è, ma ci sono talmente tanti muri di paura che sembra finire lì.

Qualcuno ha messo il peggio del suo passato nel suo futuro, destinandolo a ripetersi. Perché? Beh, pensate che se continuate a ripeterlo riuscirete ad avere un risultato diverso. E invece no. Avrete gli stessi risultati, se ripetete le medesime azioni e se credete le stesse cose. Avete preso le vostre tombe passate e le avete messe nel vostro futuro e ora siete destinati a ripetervi.

Qualcuno ha poco o niente nella sua percezione del futuro. Avete paura a espandervi o a creare nel futuro. Avete paura di fare la cosa sbagliata e così sembra che non ci sia niente lì fuori. Cosa vi succede? Siete sottomessi al destino e ai ghiribizzi degli altri. Non avete creato per voi stessi e quindi gli altri creano il futuro per voi. A qualcuno piace. Potete biasimarli, invece di essere creatori a pieno titolo.

Parlerò chiaro. Se penso che siate dentro la mente, lasciate che ve lo dica. Se penso che stiate succhiando me o qualcun altro, lasciate che ve lo dica. Se penso che siate pieni di stronzate, lasciate che ve lo dica, perché lo farò con tutti gli onori.

Via via che proseguiamo nel nostro lavoro insieme, vi chiederò parecchie cose. Per prima cosa, rendetevi conto che starò con voi a ogni passo e in ogni momento. Se volete un po' di privacy ve la darò, ma io sarò sempre lì. Non voglio intromettermi, mi girerò solo dall'altra parte.

[*A questo punto, Adamus ha fatto fare al gruppo l'esperienza di vedere i potenziali futuri della loro vita. Se ti piacerebbe fare personalmente questa esperienza, per favore, trova uno spazio tranquillo, dove puoi rimanere indisturbato per 45 minuti ininterrottamente, poi chiedi con estrema chiarezza ad Adamus di guidarti in questa esperienza.*]

IL FUTURO E IL DESTINO

Il futuro è predestinato? No. Ma, se fate un sondaggio, circa il 99,7 per cento degli umani vive la propria vita come se lo fosse. Permettono che siano i loro aspetti a gestire la loro vita. Hanno rinunciato. *Sono* predestinati. Stanno seguendo il loro percorso karmico e lasciano che sia così. Dicono: "È il mio karma," anche se non usano quelle parole.

Credono nello sviluppo lineare dell'anima e lo seguono. Credono anche nel destino della coscienza di massa, che è tanto, tanto duro e molto, molto pesante. Basterebbe fare una scelta, ma, allora, la vostra vita cambierebbe. La maggior parte degli umani non lo vuole.

Vivono una vita fatta di destino anche nel caso in cui abbiano dei sistemi di credenza molto forti, specialmente sistemi di credo religiosi o spirituali. Questo crea destino. Credono che ci sia un sentiero che porta al paradiso e uno che porta all'inferno.

Così, la maggior parte degli umani vive secondo il destino ed effettivamente la maggior parte degli umani *crede* nel destino. Credono in un Dio-proprio-fetente che sceglie il destino per loro e non dà loro nemmeno le regole del gioco. Sapete, vista la limitatezza della mente, non ci vuole una gran intelligenza per fermarsi un attimo e pensare: "Beh, tanto che cosa gliene importa allo Spirito? Perché lo Spirito vorrebbe farmi fare tutta quella roba? Per dimostrarlo a me stesso? O a chi? O a che cosa?" Anche se la logica sta cambiando, questo non è logico. Non ha per niente senso, ma la programmazione, l'ipnosi e le stratificazioni sono così forti che fanno diventar stupidi uomini e donne che per altri versi sono molto intelligenti.

CREARE LA REALTÀ

Molti chiedono: "Perché non riesco a creare e manifestare quello che voglio?" Veramente, lo state facendo. Allora dite: "Ma, Adamus, è orribile." Sì, è vero. È per questo che siete qui, perché non c'è più bisogno che buttiate via la vostra energia. Ne avete bisogno per esprimere la vostra energia.

Come esseri di coscienza, voi attraete l'energia nella vostra consapevolezza per portar vita alle vostre creazioni.

La *attraete*. La vera legge dell'attrazione e dell'abilità di creare la realtà viene dalla passione e dal desiderio. La passione più profonda di tutti gli esseri umani è di ritornare al Sé. Non perderete mai, mai e poi mai quella connessione. Lo so che qualcuno si preoccupa: "E se mi perdo?". Non è possibile, davvero. Potete continuare a sentirvi persi per quella che vi sembra un'eternità, ma non perdete mai veramente la connessione con il vostro sé.

Le passioni dell'anima sono:

1. Conosci te stesso
2. Esprimi te stesso
3. Evolvi te stesso
4. Ritorna a te stesso

Queste sono le passioni dell'anima.

Ascoltate per un momento la passione della vostra anima.

[*pausa*]

Quella è la causa della vostra realtà. Vi ho appena dato le quattro affermazioni fondamentali delle passioni e dei desideri dell'anima. Le si potrebbero dare in molti modi diversi, ma sono il conoscere sé stessi, esprimere sé stessi, riunificare sé stessi e muoversi verso livelli mai realizzati prima. Queste passioni sono quelle che creano la vostra realtà. Contrariamente al credo popolare, non sono i pensieri a creare la realtà. I pensieri mentali hanno poca passione, quindi attraggono poca o nessuna energia.

A un incontro recente, una partecipante si è fatta avanti per fare una domanda. Jennifer mi ha chiesto: "Adamus che cosa c'è di sbagliato nella mia vita? Ho perso il lavoro. Ho perso il mio compagno, i miei figli, la stima di me, i rapporti con gli altri, la carriera. Tutto svanito. Che cosa non va?"

Ho risposto: Niente.

I vostri sentimenti più profondi, non i pensieri, sono quelli che creano la vostra realtà. Nel caso di Jennifer, il suo desiderio profondo era di connettersi con lo Spirito. Lo aveva cercato per centinaia di vite. *Pensava* di dover far piazza pulita di tutto per poter conoscere lo Spirito. Nelle vite precedenti si era lasciata distrarre dal troppo che aveva – troppo potere, troppo denaro, troppi rapporti – e, a un certo punto, quando lo struggimento per lo Spirito è diventato vero, ha detto "Mai più." E così è stato. In questa vita ha mantenuto la bellezza, perché le ricordava la bellezza dello Spirito, ma stava per perderla perché sentiva che anche quella era di intralcio per conoscere lo Spirito.

Non c'è bisogno che facciate altrettanto. C'è chi prende misure estreme per evolversi. Avete preso misure estreme pensando che la vostra essenza umana non faccia parte della vostra essenza spirito. È un credo vecchio. Quando tornate a voi stessi, integrate in voi il maschile/femminile, la luce e l'ombra, la vostra essenza umana e il vostro spirito. Voi non distruggete l'umano per avere lo spirito; voi li unite. Infatti, vogliono riunirsi.

Jennifer è una creatrice potente. Ha buttato tutto fuori dalla sua vita per non avere distrazioni. E poi chiede: "Cosa sbaglio?" Assolutamente niente. Si è creata un vuoto, tutto per sé. Ora ha l'opportunità di fare la conoscenza dello Spirito – sé stessa.

Questo ci riporta alla domanda: Che cosa vuoi? E ricordate, potete scegliere qualunque cosa vogliate. *Potete* esaudire tutte le vostre necessità umane e tuttavia avere una bellissima connessione con lo Spirito.

CHE COSA VUOI?

Uno dei problemi più grandi è che non sapete che cosa volete. Non ne avete idea oppure cambiate idea ogni giorno. Passate la vita a cercar di capire che cosa volete. Un giorno è questo, un giorno è quello, poi vi deprimete, vi sentite frustrati perché non sapete cosa volete. Vi lasciate distrarre da quello che pensate che *dovreste* volere. Vi intrappolate nelle abitudini, perché un giorno volete "questo" e un giorno volete "quello". Un giorno date la priorità alle necessità umane e il giorno dopo a quelle spirituali. *Non sapete cosa volete.*

La buona notizia è che siete esattamente dove dovreste essere. Sì, esattamente dove dovreste essere! [*il pubblico giubila e applaude*] Facciamo un respiro profondo e ringraziamo Dio, ringraziate voi stessi. Siete esattamente dove dovreste essere in tutto questo – non sapere che cosa volete.

Può sembrare un dilemma e può davvero rovinarvi una bella giornata, ma è assolutamente appropriato. Perché? Perché siete nel bel mezzo di una metamorfosi, un cambiamento dalla condizione di essere solo un umano a quella di essere un umano divino, illuminato. Anche se avete già avuto 1.000

vite, questo è il cambiamento più grande che state facendo da quando vi siete incarnati sulla terra.

Siete in un momento di transizione eccezionale, non siete più solo un umano con bisogni umani limitati, ma ora state permettendo al divino, al Dio interiore, di integrarsi nella vostra vita. In questo momento, state permettendo l'integrazione di umano e divino – non è più solo una filosofia, non sono più solo parole, gruppi di studio a cui partecipate una volta al mese e poi, quando ritornate nel mondo, vi dimenticate tutto – lo state, di fatto, davvero permettendo. Lo state, di fatto, davvero facendo.

Quindi, in questo processo di integrazione, tutto quello che credevate di volere diventa confuso e indistinto. Tutto quello che credevate fosse importante, adesso non siete più tanto sicuri che lo sia. Ogni obiettivo del vostro futuro non ha più molto significato. Quello che credevate fosse una passione, all'improvviso, non vi emoziona più. Domani sarà assolutamente diverso e questa è una cosa buona. Lo è davvero. Non c'è niente di sbagliato in voi.

C'è una quantità incredibile di energia creatrice che vi sta attraversando ora, adesso, e quindi vi sentite ispirati a svariati livelli diversi e contemporaneamente avete ancora i bisogni e i desideri umani. Sembra un caos, ma sapete che cosa vi ho detto prima riguardo al caos. Non è un caos. È un caos solo se lo guardate come se guardaste un telaio. Da sotto sembra caotico, ma da sopra si vede un arazzo stupendo.

La vostra vita è in uno stato di transizione, di trasmutazione alchemica. Avete notato come, in un modo o nell'altro, ce la state facendo? In altre parole, non siete crollati. Pensate di essere sul punto di crollare. Vi sentite come se doveste crollare da un momento all'altro. Alla sera andate a letto e dite: "Dio, ti ringrazio che per oggi non sono crollato. Forse domani crollerò, ma per oggi, almeno, ce l'ho fatta." Non crollerete.

La maggior parte degli umani ha un piano o un obiettivo. Questo li porta dal punto A al punto B e ci arrivano con un senso di sollievo e poi vanno dal punto B al punto C. È un fenomeno interessante. Usano gli obiettivi per salire di gradino in gradino e fanno più o meno così per tutta la vita.

Quando eravate giovani, avevate l'obiettivo di finire la scuola. Poi quello di costruirvi una carriera e una famiglia. Avevate un obiettivo dopo l'altro. Anche adesso avete un obiettivo, uno qualunque, magari anche solo di arrivare alla fine di questa sessione.

Ora, fate un passo indietro. Non è un modo di vivere molto limitante? Non è anche, forse, un modo di vivere pieno di paure? O insoddisfacente? Molta gente vive così. È come vivevate anche voi, quindi non ridete troppo.

Dunque, rimaniamo per un momento in questa bellissima energia. Vivetela.

[*pausa*]

Lasciate andare gli obiettivi.

Lasciate andare i desideri.

Lasciate andare le vecchie aspettative, perché adesso sta per cambiare tutto. Sta per cambiare tutto.

PASSIONE

Alcune persone ribatteranno: "Ma io *so* cosa voglio". Vorrei metterle alla prova. No, in realtà non lo vorrei. Vi basta per stare tranquilli?

Trascenderete il "volere" qualcosa. Avrete, invece, una passione profonda e significativa e con quella avrete chiarezza. La chiarezza vi aiuterà a capire come siate stati voi a creare la vostra realtà. Proverete una *passione* per voi stessi, un amore verso di voi intenso ed eloquente.

Da quel momento in poi, nulla importa. Con una vera passione dell'anima, nulla importa. Non *deve* importare più; semplicemente è. Andate oltre i desideri e immergetevi nella passione. La passione è la vera comprensione dell'Io Sono.

NUOVA ENERGIA

Sta per accadere qualcos'altro. Negli ultimi mesi, qualcuno di voi ha già incominciato a farne l'esperienza e questo è un punto molto importante. Avete invitato la nuova energia a entrare nella vostra vita. Avete invitato il divino nella vostra vita. Come abbiamo visto prima, l'energia è stata creata dalla passione di ritornare a Casa e, da quel momento, l'energia è stata usata dalla vostra consapevolezza per creare la realtà.

L'energia ora entra come Casa che viene a voi, come Dio, voi, che torna a voi. Questa è la nuova energia. Non è vibrazionale; è espansionale, va in ogni direzione contemporaneamente. Non sembra, né agisce e né la si percepisce come la vecchia energia, ma c'è una parte di voi che vorrebbe lo facesse. Volete definire la nuova energia con i termini della vecchia energia. Pensate che la nuova energia sia solo più potente della vecchia energia, ma non lo è. È completamente diversa.

La nuova energia è un sottoprodotto dell'integrazione umana e divina. È nuova persino per i regni angelici. Gli angeli sono estremamente interessati a quello che sta accadendo sulla terra, perché "Secondo come vanno gli umani sulla Terra, così va tutta la creazione". Quindi, sono molto interessati a vedere come lavora la nuova energia.

La ragione per cui tutte le cose sono un po' fuori dal normale, un po' disorientate – *molto* disorientate, per essere sinceri – la ragione per cui le cose sono davvero capovolte è questa: la nuova energia è qui. Si integrerà nella vostra vita qui sulla Terra. Adesso vi sta esplorando, sta esplorando le vostre emozioni, perché nel processo di integrazione deve capire da dove venite e di che cosa siete fatti. Vuole sapere come lavorare nella vostra vita. Non vuole lottare contro di voi: vuole sapere come entrare a far parte della vostra vita. È l'energia divina che avete cercato da sempre ed è qui. Vi sta sondando.

È vostra. Non è una sonda aliena; quelle sono decisamente diverse. Non è un'energia esterna intrusiva. Ma, detto questo, ci sono alcuni che non sanno ancora come definire o capire tutto ciò, così penseranno di aver avuto un incontro ravvicinato con un alieno. No, è la nuova energia che sonda e chiede: "Come mai ti comporti così?"

La nuova energia sta arrivando sulla Terra, da voi. Non va a finire su un piatto di portata davanti a voi, va *dentro* di voi. La sentirete. Sta sondando ogni parte di voi. Vuole capire come funziona la vostra mente, come funziona la vostra logica. Vi entrerà nel corpo fisico. Ad alcuni è capitato di avere delle reazioni, di recente – "Cosa sta succedendo al mio corpo?" – perché la si sente entrare dentro. Si fonde con ogni parte di voi.

Quando va a sbattere contro un punto particolarmente sensibile – un ricordo, una ferita che è ancora molto,

molto sensibile – lo sentirete. Quei sentimenti torneranno a galla improvvisamente e direte: "Come mai mi è tornato a galla?" Fino a oggi avreste detto: "Che lezione sta cercando di darmi Dio? Che cosa sta cercando di dirmi lo Spirito?" Niente. È una risposta alla nuova energia che sonda la vostra vita in modo da capire chi siete. Vuole capire come convivere con voi.

Anche se è una vostra creazione, non è mai stata in questa realtà. Vuole scoprirvi e, così facendo, vi farà scoprire alcune cose di voi che non sapevate.

POTENZIALI

Siete nella zona del Risveglio e dite: "E poi?" Questa è una bella domanda. "E poi? È stupefacente, è interessante, ma io, da qui, dove vado?"

Andate nei vostri potenziali. I potenziali, in realtà, non sono nel futuro. Sembra che lo siano, ma non lo sono. Il potenziale di qualunque cosa sia al di fuori dell'esperienza immediata è già qui. Pochissime persone immaginano davvero i potenziali. Aspettano il destino. Dunque, una parte del problema è stata la mancanza di immaginazione. Troppo spesso usate la mente analitica invece dell'immaginazione. La mente filtra alcuni dei più grandi potenziali, lasciandoli fuori, a causa della sua limitatezza.

Qui, ora, adesso, ci sono dei potenziali straordinari a vostra disposizione per il vostro "E poi". Potenziali sorprendenti, alcuni li direste della vecchia energia, altri di energia molto nuova. Sono il campo dove dovete scegliere, che è, praticamente, illimitato.

Non ci potete arrivare con la mente, perché non funziona – o meglio non riesce a capire le cose – al di là della dimensione fisica. E la chiave è la vostra immaginazione. L'immaginazione vola in alto. È per lo più libera e leggera. Effettivamente si diverte ad andare oltre le dimensioni umane 3D.

Quando esplorate i potenziali, non pensateci su; esplorateli senza giudicare. Sentiteli. Per anni Tobias vi ha parlato del sentire contrapposto al pensare e voi ci entrate in punta di piedi. Adesso tuffatevi dentro. Non avete molto da perdere. Davvero, permettete a voi stessi di *sentire* tutti i potenziali oppure tanti quanti ne volete sentire.

Come vi *sentite* a sentire? Dovrebbe procurarvi una risonanza nel cuore e non una pressione o tensione nella testa. Il sentimento è un'esperienza che può essere percepita nel Corpo di Coscienza, mentre il pensiero tocca solo la mente. Il sentimento è pieno, mentre il pensiero è praticamente piatto. Vi accorgete che state sentendo quando percepite le onde vibrazionali che dalla testa vi scendono lungo la spina dorsale fino alla punta dei piedi oppure quando sentite che il petto e il cuore si espandono.

Immaginate che tutti i vostri potenziali siano delle bolle che fluttuano tutt'intorno a voi, ora adesso. Espandetevi dentro e fuori le bolle. Sentitele. Non dovete fare scelte adesso, quindi non abbiate paura di sentire. È traumatico? È bello? Vi è familiare? Molti dei potenziali li percepirete come vecchi o piatti e all'improvviso, mentre vagate in mezzo a loro, qualcosa vibra. Qualcosa che risuona. Qualcosa che sentite giusto, se non addirittura eccitante. Vi arriverà un'onda vibrazionale – qualcuno la chiama un'onda d'amore – dalla testa ai piedi. *Adesso* siete nel sentire!

CRISI ENERGETICA

Sulla Terra c'è una crisi energetica. Inizia con l'energia che viene usata dalla coscienza, l'energia che viene dal Campo, evocata dalla coscienza, vostra e degli altri. Il vecchio modo di evocare questa energia non fisica, sta cambiando. Ecco perché sta cambiando il mondo.

Simbolicamente, il mondo sta finendo le risorse energetiche della vecchia energia. Gli umani giocano con l'energia solare e con quella eolica, ma queste sono solo un bendaggio su una ferita aperta. Non sono la risposta per l'umanità. Sono distrazioni. Il mondo sta affrontando una crisi energetica in tutti i sensi. La bella notizia è che ciò induce l'umanità a cercare delle alternative.

Come ho detto in un messaggio precedente, il petrolio che fuoriesce nel Golfo [*si riferisce al petrolio della BP fuoriuscito nel Golfo del Messico nell'aprile 2010*] sta causando un problema ecologico di breve durata, ma quello che sta suscitando veramente è consapevolezza. Suscita la consapevolezza della necessità di smettere di trivellare la terra per cercare l'energia, perché questa non è la risposta per il futuro. C'è energia tutt'intorno a noi, proprio adesso, in uno stato neutro, in questa stanza c'è energia a sufficienza per rifornire le più grandi città del mondo. È nell'aria, nell'acqua, nel corpo – ma non viene utilizzata. Si crede che non esista, invece esiste. Del resto, una volta pensavano che la terra fosse piatta!

Facciamo qualcosa. Divertiamoci. Entriamo col sentire nei potenziali per l'energia di questo mondo.

Ora, prima di farlo voglio evidenziare le paroline scritte in piccolo. Facciamo finta che ci sia un forte potenziale per una nuova fonte energetica da scoprire nel 2013. Avrà un effetto drammatico nei confronti delle infrastrutture della vita quotidiana degli umani. Le automobili, la gente che fa le caldaie, le fabbriche di motori, le persone che scavano il carbone o pompano il petrolio – tutti loro saranno senza lavoro. La nuova fonte energetica è molto potente, estremamente potente. E se finisse nelle mani sbagliate?

Sorgono le problematiche correlate. Sì, l'idea di una nuova fonte energetica sembra incredibile. Una nuova fonte energetica verrà scoperta, ma cercate di capire le implicazioni – e lo farete perché l'avete vissuto – le implicazioni di aggiungere la vostra stessa nuova energia nel vostro Corpo di Coscienza. Cambierà il vostro modo di vivere, proprio come una nuova fonte energetica cambierà il modo di vivere del mondo.

Adesso esploriamo i potenziali per una nuova fonte energetica. Questi potenziali sono stati lì per tutto questo tempo; semplicemente nessuno li ha visti. Non erano nascosti; sono passati inosservati, perché, con una consapevolezza limitata, non si possono vedere i veri potenziali.

Ora iniziamo un viaggio. Ora, adesso, tutti i potenziali sono intorno a noi.

Dunque, il potenziamento – esplorare i potenziali – è un'arte; non è una scienza. È qualcosa che necessita pratica e perspicacia e fiducia e compassione, perché con il potenziamento si va oltre la mente. Non pensate alla nuova fonte energetica. Non cercate di vedere la nuova fonte energetica; fatene l'esperienza. Sentitela. Lasciate che vi sussurri nel cuore. Sentitela vibrare o espandersi nel corpo. A volte potete provate anche un'emozione, ma non un pensiero. Non stiamo cercando di analizzare niente.

Che *sensazione* dà la nuova energia?

Potete tenere gli occhi chiusi o aperti, come preferite. A me piace canticchiare quando lo faccio. Mi aiuta a sentire e a non pensare.

Che sensazione vi dà la nuova energia?

[*pausa*]

Ascoltate la musica della nuova fonte di energia per la Terra.

[*pausa*]

Che sensazione vi dà?

[*pausa*]

Danzate un po' con lei.

[*pausa*]

Respirate insieme a lei.

[*pausa*]

La nuova fonte energetica...

[*pausa*]

Se vi sta potenziando, non state pensando. Se state sentendo, state attraendo. State evocando questo potenziale. Lo state portando alla luce.

[*pausa*]

Il pianeta ora è pronto per ricevere nuova energia. Vent'anni fa non lo era. Ora c'è una bellissima combinazione di desiderio e necessità ed ecco che arrivate voi, i potenziatori, delle persone in grado di percepire i potenziali. Questo è il vero significato della legge di attrazione. Non ha niente a che fare con il forzare mentalmente qualcosa; bisogna sentire. Se sentite i potenziali e sentite una risonanza con essi per voi giusta, state letteralmente attraendo delle potenzialità nella vostra realtà umana.

I potenziali sono come semi. Il seme aspetta solo di essere attivato – seminato in terra. I potenziali sono come invisibili semi in attesa di essere piantati. Se sono piantati con consapevolezza e scelta, germineranno e sbocceranno in questa realtà.

Il potenziamento funziona a livello individuale e su scala globale. Non lo imponete a nessuno, ma chissà, uno scienziato potrebbe svegliarsi nel bel mezzo della notte chiedendosi: "Ma da dove mi è venuta *questa* idea?" e magari si mette a sviluppare una nuova fonte energetica. Da dov'è venuta l'idea? Forse è incominciata proprio qui.

Capitolo Nove

LA TUA SOVRANITÀ

LA PRIGIONE DI ADAMUS

In una delle mie vite, in un tempio di Atlantide, sono stato uno schiavo incauto. Un giorno, accidentalmente, ho fatto l'errore di entrare in una camera sacra, dove molti di voi stavano cantando in stato di trance. Quando sono entrato nella vostra cerimonia di trance, sono stato istantaneamente trasportato in un'altra dimensione a causa delle intense energie psichiche. È stato come se mi fosse stato fatto un incantesimo, anche se, ne sono certo, questa non era la vostra intenzione, e sono rimasto intrappolato in un cristallo energetico per 100.000 anni. Ho cercato di uscirne in tutti i modi possibili, ma fallivo sempre. Non ero vivo, ma non ero morto. Ero sepolto nei miei sistemi di credenza, nel cristallo.

Ho cercato il modo di uscirne con tutta la mia forza e la mia volontà e questo ha solo reso più potente la mia tomba. Poi, ho cercato di chiamare tutti voi che mi avevate fatto questo incantesimo non intenzionale, pregandovi di farmi uscire. Ma voi non potevate sentirmi. Il fatto è che voi non vi eravate nemmeno accorti di quello che mi era successo. Poi, ho pregato disperatamente gli dei di perdonarmi e di liberarmi da quella tomba di cristallo. Non essendo riuscito a smuovere la compassione degli dei verso di me, sono rimasto sospeso in uno stato di limbo per cento millenni.

È stato il peggior incubo che possiate immaginare. Finalmente, dopo 100.000 anni, mi sono arreso completamente e totalmente – nessuna resistenza, nessun sforzo – solo la morte di me.

In quello stato di totale abbandono, ho realizzato qualcosa che mi era sfuggito per 100.000 anni. È talmente semplice che mi vergogno perfino di parlarne ora, ma lo condividerò con voi. Improvvisamente mi sono reso conto che, qualunque fosse la cosa in cui io mi ero messo, io avrei potuto anche tirarmene fuori.

Era proprio così semplice, era capire che non eravate stati voi a mettermi nella tomba di cristallo; mi ci ero messo io. Non era Dio che mi aveva messo lì per una qualche punizione; l'avevo creata io. L'attimo in cui ho capito che io ero l'unico responsabile della mia creazione, è stato facile dissolvere la mia realtà.

Dopo essermi liberato, sono tornato sulla Terra per molte incarnazioni, libero e leggero. Mai più mi sarei fatto intrappolare nella tomba dell'illusione. In tempi più recenti ho condotto molte Scuole Misteriche, insegnando questo stesso principio basilare: *in qualunque cosa tu ti metta, tu e tu solo puoi tirartene fuori.*

Molti di voi hanno partecipato alle mie Scuole Misteriche. Avete capito i principi della sovranità, ma per una qualche ragione vi siete lasciati trascinare di nuovo nell'illusione della separazione, l'illusione di cercare le risposte e tante, tante, tantissime altre illusioni che avete ancora adesso dentro di voi.

Una delle più grandi illusioni che state vivendo in questo momento è quella di essere parte dell'Uno. Credete che, a un certo punto del percorso spirituale, tornerete all'Uno. No, mi dispiace dirvelo, ma non tornerete mai a Casa.

La fisica è semplice – non c'è più Casa. Non c'è più l'Uno. Come potrebbe esserci, se siete nati dall'Uno, se vi è stato dato il potenziale della sovranità, se vi è stato donato il potenziale di essere un creatore a pieno titolo? Perché vorreste tornare indietro? Sarebbe la disfatta totale del fine della creazione e di tutto quello che avete imparato finora.

La domanda originale della vostra anima era: "Chi sono io?" Il vostro percorso vi ha portato a vivere una serie di avventure che vi hanno aiutato a conoscere e a definire voi stessi. Perché mai dovreste voler tornare nel grande Uno, omogeneo e noioso?

No, invece voi stessi diventate il vostro Uno. Diventate un essere completamente sovrano, libero, un Dio a pieno diritto, ma questo è il problema. Essendo voi Uno, non siete più connessi alla coscienza umana. Essendo voi Uno, non siete più connessi a quella cosa che chiamate Dio. Non siete parte del Campo, della riserva di energia. Non siete un maestro delle manovre di matrix. Non avete obbligazioni verso nessuno e verso niente. Siete il vostro Uno, come io sono il mio Uno.

Essendo io il mio Uno, sono libero di viaggiare, di fare le esperienze e di creare nel modo che scelgo. Essendo io il mio Uno, provo compassione per tutti gli altri esseri, ma non sta a me salvarli. Non sta a me cambiare o alterare il flusso delle energie in tutti gli universi e in tutte le dimensioni. Non sta a me salvare l'umanità, perché, essendo io il mio Uno, io comprendo e onoro il viaggio di ogni altro essere spirituale.

In quanto essere sovrano, ho integrato ogni parte di me – il passato, il presente e il futuro. Non c'è più il concetto di Dio o di Spirito. Ho incarnato lo Spirito in me. Ne faccio l'esperienza anziché cercarlo. Nel mio essere Uno non c'è più resistenza, non c'è più conflitto, non ci sono mire e non c'è più scopo. Io Sono Ciò Che Sono.

A questo punto disegniamo una linea sulla sabbia. Qualcuno di voi si arrabbierà con me, qualcuno capirà cosa sto cercando di trasmettervi, qualcun altro, ora, adesso, cadrà in uno stato di sonno, perché questo messaggio lo manda da qualche altra parte.

Questo è un invito a essere il vostro Uno sovrano, a smettere di cercar di tornare indietro, a smettere di dipendere da altri umani o dagli angeli e a smettere di giocare il ruolo della vittima.

Allora, sì è vero, noi veniamo tutti dalla stessa Sorgente, ma, il dono che la Sorgente ci ha fatto, è diventare la Sorgente di noi stessi. L'invito che vi faccio è di attraversare quella linea che separa te-dipendente-da-tutto da Te l'essere sovrano.

Cos'è che vi trattiene? Il dramma. Non ci sono drammi dall'altra parte della linea. Non c'è nessun bisogno di salvare né di soccorrere gli altri dall'altra parte della linea. Non c'è più niente da imparare, niente che dobbiate fare, niente karma da risolvere, nessuna missione da assolvere. Non c'è dramma dall'altra parte della linea.

Vengo a voi in veste di grande maestro asceso, come un essere completamente integrato, per dirvi che anche voi siete Dio. Voi siete esseri sovrani ed è ora che ve ne ricordiate.

So che giustificate la vostra esistenza dicendo che siete qui per aiutare gli altri umani. Non è una scusa accettabile per negare la vostra sovranità. Quando la smetterete di fare le vostre meditazioni? Non siete già stati più che attivati dai guru? Non siete stanchi delle solite vecchie cerimonie? Quand'è che svuoterete le teche e i cassetti pieni di cristalli, pendolini sacri, verghe magiche egizie di guarigione, polvere di oro bianco, preghiere di gruppo, acqua santa, amuleti, incantesimi e tutte le altre cianfrusaglie che avete racimolato negli anni? Aggiungeteci anche le bibbie, gli incensi, i cristalli, gli intrugli di polveri e gli alambicchi alchemici delle altre vite e vi ritroverete con un inventario sufficiente a dar inizio a una religione.

Adesso inviterò gli altri oratori presenti [*si riferisce alle 350 persone della conferenza di cui egli era un oratore*], se hanno abbastanza coraggio da buttar via tutte le minute e rivolgersi a voi altri come esseri spirituali maturi, anziché bambini [*grande applauso del pubblico*], senza gli appunti che si erano preparati, perché tutti loro sanno chi siete. Ma loro, come voi, sono intrappolati nella loro personale tomba dell'illusione. Voi e i vostri insegnanti state cercando di liberarvi dall'illusione, ma, per cercare di uscirne, tirate fuori certi insegnamenti artificiosi, finti e insignificanti. State distraendo voi stessi.

Insegnanti, rivelate la vostra più grande verità. Smettetela di insegnare quello che avete già insegnato. Oggi, a questo gruppo, insegnate quello che c'è di nuovo [*applauso*]. Compresi Cauldre, Linda e tutti gli altri. Esseri spirituali, esseri umani che sedete su queste sedie, assumetevi la responsabilità delle vostre creazioni. Comprendete che voi stessi create la vostra tomba di illusione e che potete uscirne facendo una semplice scelta.

È vero, il pianeta Terra è al pronto soccorso. Alcuni di voi stanno giocando all'infermiera e al dottore, ma è come l'ammalato che cura un altro ammalato. Finché non accettate la vostra sovranità, finché non lasciate andare l'illusione di ritornare nella confusione dell'Uno, di fatto, state peggiorando il problema.

Quando accetterete di essere esseri sovrani, allora capirete come funziona la creazione. Capirete perché il mondo è dov'è, ora, adesso. Capirete che, ora, adesso, l'umanità deve prendere una decisione importante – se rimanere nella tomba della coscienza in cui si trova oggi la Terra o se espandersi nella nuova consapevolezza e nella nuova energia.

Gli umani stanno cercando qualcuno che li aiuti e li guidi, ma non vogliono guru, non vogliono maestri della vecchia energia e non vogliono maestri che li controllino e li manipolino. Vogliono guardarvi e vedere che siete esseri sovrani, vedere che, per vivere, non vi appoggiate a niente e a nessuno. Vogliono sapere che non fate rituali antichi, perché qui non si tratta di tempi antichi; si tratta di *questo* tempo. E, a dire la verità, non vogliono vedere neanche questa cosa che chiamate canalizzazione, perché anche quella non è tutta la verità. Vogliono sapere che voi siete *veri*, che anche voi siete Dio e che avete accettato il vostro essere Uno.

Ci sono umani che implorano pregando, piangendo e sognando. Invocano aiuto proprio come ho fatto io dalla mia tomba di cristallo per 100.000 anni. Implorano di avere una guida, ispirazione e intuizione durante la transizione nel loro essere Uno e vogliono sapere che voi siete veri, genuini e sovrani.

Siete qui per integrarvi. Dimenticatevi del resto del mondo, del resto dell'universo, della famiglia e di ogni altra cosa. Siate qui per essere veri con voi stessi. Siate qui per innamorarvi di voi stessi. Siate qui per conoscere voi stessi in un modo che non avete mai osato fare prima. E siate qui per comprendere che voi stessi siete il vostro vero Uno.

SEI GIÀ COMPLETO

Tutto – tutto – è già dentro di voi. Quando avete lasciato Casa, Tutto Ciò Che Era, Dio, avevate già tutto, tutti gli strumenti di cui avreste avuto bisogno. Avevate le risposte a tutte le domande. Ogni facoltà era già in voi. Quindi non c'era niente da migliorare, non c'erano parti incomplete né pezzi mancanti né un'anima gemella con cui riconnettervi;

Tutto era già lì. L'unica cosa che volevate scoprire era come ci si rapportava a voi direttamente, come ci si sentiva a farne l'esperienza. Cioè il viaggio non riguardava le parti incomplete; riguarda il permettere a voi stessi di fare esperienze, di conoscere sé stessi da dentro sé stessi. Tu Sei Ciò Che Sei. È tutto già dentro.

Una delle difficoltà più grandi che hanno quelli come me, che negli altri regni lavorano con gli umani, è di aiutarvi a superare l'idea che ci sia ancora qualcosa da scoprire, che ci sia una parte incompleta o un labirinto o un percorso a ostacoli che lo Spirito ha preparato per voi per provare che ne siete degni. Non è così, tutto è già lì.

Sentitevi dentro l'essenza dell'"Io Sono Ciò Che Sono". Inspiratela – Io Sono Ciò Che Sono. Inspiratela e sentite la completezza, la totalità. È già lì.

Tutto quello che sto dicendo, lo sapete già. Sto cercando di aiutarvi a ricordare quello che è già lì. Voi conoscete già tutto della creazione, le nozioni di fisica, la matematica, le energie spirituali; dovete solo aver fiducia in voi stessi. Inspirate l'Io Sono Ciò Che Sono.

Ora, naturalmente, ci sono stati tanti ostacoli che vi siete messi nel percorso, un mucchio di sistemi di credenza che hanno creato barriere tra la vostra vita e quello che veramente già sapete. E adesso vi aiuteremo a rilasciarne un po'.

GESTIONE DELL'ENERGIA

Se voi foste il capitano di una nave, avreste il controllo dell'equipaggio? Direste all'equipaggio che cosa fare, come farlo, quando farlo e quanto verrà pagato per farlo? Sì! Ottima risposta, perché, qui, c'è un elemento importante che si mette in moto. Voi siete capitani di una nave con un equipaggio numeroso e, se non definite le vostre aspettative, vi troverete di fronte a un ammutinamento. Quindi, dovete essere molto chiari sul vostro ruolo di comando e su quali sono le vostre aspettative. Dovete dirlo con parole chiare e lasciare che loro facciano il loro lavoro.

Dovete far capire in modo chiaro a tutti quelli che sono a bordo che voi siete il capitano. Voi date il tiro e ve ne assumete la piena responsabilità.

Ora, la questione è, come capitani della *vostra* nave – il vostro corpo, la mente, l'anima, i vostri aspetti del passato, ogni parte di voi – esercitate il controllo? No, perché siete sempre *voi*. Non avete altri umani dentro di voi. Non avete i loro ordini del giorno né il loro desiderio di rubarvi il potere. Siete voi. Voi siete il capitano della vostra nave. Siete il capo. Siete l'essere sovrano.

Avete perso il contatto con le altre parti di voi. Per via di come sono state fatte le cose, loro non vi rispettano. Quelle altre parti di voi non vi rispettano come erano abituate a fare e come vorrebbero fare. E *voi* non avete più fiducia in voi stessi e così siete davvero caduti in disgrazia con voi stessi e con quelle parti di voi ed ecco perché tantissime comunicazioni della mente, del corpo e, di sicuro, del vostro spirito si sono chiuse. Non vi fidate più di voi stessi e dunque vi siete isolati da soli in questo essere piccolo piccolo, che non si fida di chi è veramente.

La prima vittima, ovviamente, è il vostro spirito, la vostra anima. Sento che qualcuno dice: "Mi sono dimenticato chi sono, di proposito". Ma per favore, davvero? Ti sei dimenticato di proposito? Hai voluto dimenticare chi eri? Ma chi te l'ha detto? Perché ci credi?

Avete perso la fiducia in voi stessi, non siete più in contatto con voi stessi e così avete perso anche ogni sorta di contatto con il vostro spirito. È ancora lì, è sempre stato lì, ma voi avete smesso di comunicare con lui, con ogni parte di voi. Non vi fidate del vostro corpo. Non vi fidate della vostra mente. Non avete la più pallida idea riguardo al vostro spirito. Lo avete cercato per tanto tempo e, in un certo senso è stato anche un gioco divertente – "Andiamo a cercare lo Spirito". A cercarlo dove? Siete *voi.* Dite: "Io? Lo Spirito?" Certo. Voi siete lo Spirito che non è in contatto con Sé stesso per mancanza di fiducia.

Siete il capitano della vostra nave, non in contatto con sé stesso e avete un'idea limitata di Dio e della spiritualità. Il vostro vecchio concetto di Dio, a volte, rende molto difficile agli angeli lavorare con voi.

Effettivamente, la mia definizione di Dio non è al singolare. Non è un vecchio arrabbiato con la barba bianca, su in cielo. Quello è il Dio di qualcuno, ma speriamo non sia il vostro.

E se Dio fosse tutti i potenziali accumulati nel passato – tutto quello che era e che avrebbe potuto essere – e tutti i potenziali del futuro, tutto quello che potrebbe essere? E se Dio fosse tutto, eccetto questo momento? E se *voi* foste Dio nell'Adesso?

Potenziali – comprese le cose di cui avete fatto l'esperienza e quelle di cui non l'avete fatta e tutte le cose di cui farete e non farete l'esperienza – e se quello fosse Dio? E se voi, in quanto anche Dio, foste qui nel momento presente a tirar dentro quelle energie, per portarle nella realtà del momento e farne l'esperienza?

Ogni parte di voi – corpo, mente, spirito, aspetti, il Dio interiore, la vostra divinità, ogni potenziale sperimentato o no, ogni potenziale che verrà – vuole veramente servirvi. Siete *voi.*

Fidatevi di voi e lasciatevi andare. Assolutamente, lasciatevi andare. Cosa succederà se vi lasciate andare? È *davvero* pauroso; anzi, è la cosa più paurosa che abbiate mai fatto! Vi ribalterà dalla testa ai piedi. Darà uno scossone alla vostra consapevolezza e la farà tremare. Sapete come trema e traballa qualcosa quando va fuori allineamento? Se la convergenza delle ruote non è giusta, arrivata a una certa velocità, la macchina incomincia a tremare e a vibrare – cosa fate? Rallentate? Aumentate la velocità e respirate a fondo? Sì, fate un respiro profondo e lasciate che vada. Se lasciate andare, aumenterete la velocità. Mettere i freni è rallentare, è restrizione, è fermare il flusso. Lasciatevi andare.

La vostra vita cambierà? Cercherete di stabilire come dovrebbero essere i cambiamenti? Sicuramente *cercherete* di definire i cambiamenti, e questo va bene – basta che sappiate che non accadrà nel modo in cui ve lo aspettate. Quindi lasciate che sia. Questo è il fondamento dell'Energia. Ne abbiamo già parlato e voi ci avete riflettuto, ma il problema è che ci avete pensato e non l'avete vissuta. So che alcuni di voi hanno fatto tanti passi avanti, ma ora la vivremo – vivremo in quel posto di assoluta fiducia in Sé.

Porterà a galla le vostre problematiche. Ogni errore che avete fatto. Ogni volta che il vostro corpo è stato fuori equilibrio, ogni volta che vi siete comportati da stupidi e avete condotto una vita brutta e fatto cose cattive – tirerà fuori tutti questi problemi. Come potete aver fiducia in voi se avete fatto tutti questi errori? Ah! Definite cosa vuol dire errore.

Io vi incoraggerò sempre a ritornare alla fiducia in voi stessi – non al controllo. Il capitano di una nave controlla la sua nave; ma voi, in quanto capitani del vostro destino, non avete bisogno di controllare. Voi siete i sognatori, i creatori, gli immaginatori. Lasciate che le altre parti facciano le loro cose per sostenervi. Non c'è bisogno di molte strutture; c'è bisogno del cuore. C'è bisogno di sentimenti. Non c'è bisogno del cervello che pensa a come creare nuovi modelli per guadagnare qualche soldo in più. Qui si tratta di vivere appassionatamente e di manifestare in un modo molto, molto, molto più semplice.

Capitolo Dieci

I CINQUE SENSI ANGELICI

I SENSI ANGELICI

Gli umani hanno cinque sensi di base: odorato, gusto, udito, vista e tatto. Queste sono le vostre antenne biologiche che vi permettono di ricevere informazioni sul mondo che vi circonda. Corrispondono anche ai vostri sensi angelici.

Ci sono cinque sensi angelici. Anche se molti dicono che ce ne sono molti di più, noi del *Crimson Council* consideriamo questi cinque sensi quelli di base. Comprendendo i cinque sensi angelici di base, comprenderemo più profondamente anche i cinque sensi umani. Se fondete insieme i sensi umani e quelli angelici, avrete una maggior consapevolezza sia della realtà fisica che di quella non fisica. Inspirando attraverso i sensi fisici si apre e si amplia la loro capacità sensoria e, infine, essa espanderà i sensi nei regni non fisici. In altre parole, potete usare, e dovreste farlo, il senso dell'odorato negli altri regni. Potete espandere il senso umano dell'udito negli altri regni per "sentire" la musica celestiale. Potete espandere il senso umano del gusto per scoprire le energie delle altre dimensioni, energie che possono essere amare o dolci.

I sensi umani vi aiutano a percepire e individuare le energie nei regni fisici. Che queste energie vi arrivino come suoni, colori, forme, odori o siano tattili, sono solo energie che voi percepite attraverso i sensi umani. Attraverso il respiro, permettendolo, ognuno dei sensi fisici può espandersi per servirvi in modo più ampio ed efficiente.

Potete – e dovreste – usare il senso del gusto non solo per gustare il cibo. Potete gustare la musica. Potete sentire i colori. Potete odorare la massa o la densità fisica. Potete vedere gli odori dolci. In altre parole, può e dovrebbe esserci un interscambio tra i vostri cinque sensi fisici. Perché limitare il senso dell'udito solo ai suoni vibrazionali quando potete usarlo per percepire energie colorate o la salute di un'altra persona?

CONSAPEVOLEZZA

Il primo senso angelico è la consapevolezza. Quando ve ne siete andati da Casa e avete attraversato il Muro di Fuoco, il senso della consapevolezza è venuto alla luce. Siete diventati consapevoli che non eravate più a Casa e poi avete avuto la consapevolezza del vostro Sé.

È stata la prima volta che siete stati consapevoli di voi stessi. Prima, eravate nel grande Uno. Non avevate alcuna definizione della vostra anima, perché facevate solo parte della grande e unica coscienza. Improvvisamente, con il dono della consapevolezza, avete percepito voi stessi. È stato un momento di grande profondità. È stata la consapevolezza prima dell'"Io Sono".

È stata una profonda esperienza, perché lo Spirito non era capace di sentire Sé stesso prima che ve ne andaste da Casa. Quando lo Spirito ha chiesto: "Chi sono Io?" il viaggio è iniziato e vi ha creato. *Voi* ora state aiutando lo Spirito a scoprire sé stesso e state anche per scoprire voi stessi.

La consapevolezza del Sé ha sollevato la grande domanda, la domanda primaria dell'anima: "Chi sono Io?". Questa domanda profonda vi ha lanciati in mille vite e in bilioni di esperienze, tutte per trovare la risposta a "Chi sono Io? Che cosa succederà? E adesso? Che cosa ne sarà di me? Sono salvo?"

Mi piace sempre tornare indietro a quella prima consapevolezza del mio Sé. È così pura, così personale. È incredibile e lo potete fare quando volete. Volete davvero riconnettervi con voi stessi? Lasciatevi riandare all'esperienza della vostra prima consapevolezza.

Con le molte incarnazioni sulla Terra il senso di consapevolezza si è affievolito. Si è talmente alienato che siete a mala pena consapevoli della totalità del vostro Sé, a parte il vostro limitato sé umano.

Coscienza è consapevolezza. La coscienza ha un desiderio naturale di espandersi, di continuare a conoscersi in modi nuovi e diversi. Anche se la coscienza è limitata o controllata, troverà sempre il modo di espandersi di nuovo. Alla fin fine, la consapevolezza non può venir confinata né soppressa. Troverà sempre il modo di espandersi, anche se questo vuol dire distruggere le barriere artificiali che l'hanno soppressa. Semplicemente non potete trattenere l'evoluzione della coscienza.

Se lo scegliete, fate un respiro profondo e permettetevi di diventare più consapevoli. È una scelta cosciente.

Fate un respiro profondo e poi abbiate fede in voi. Non dovete manipolarla. Fate solo una scelta cosciente. Rimanete sul semplice. "Scelgo di essere consapevole a tutti i livelli."

Oh, ora che avete fatto la scelta, mi sono dimenticato di dirvi le paroline scritte in piccolo. Me lo dimentico sempre.

Cosa succede quando diventate più consapevoli? Diventate più consapevoli!

Diventate più consapevoli che non siete soli. Attorno a voi ci sono altre entità, a meno che, naturalmente, voi non scegliate di essere soli. Diventate consapevoli che c'è una grande ondata di tensioni e di conflitti che impazzano in tutta la Terra, ora, adesso. A volte è confortante essere nell'ignoranza, perché, allora, non si percepiscono tutte le altre energie. Ma potete scegliere, se avete bisogno di tranquillità.

Il lato bello della consapevolezza è che, ad esempio, potete guardare un quadro e quello diventa vivo, perché sentite l'energia e i movimenti dell'artista. Molti dipinti dei grandi Maestri non erano semplici dipinti. Erano creazioni psichiche. Sì, erano dipinti con il pennello, ma, dentro quei quadri, vi sono strati e strati di energie nascoste. Sono dei veri e propri film e con la consapevolezza lo potete percepire. Diventano quadri viventi e non sono più solo dei vecchi quadri.

La musica ha così tanti livelli e vi può trasportare, ma dovete essere consapevoli. Dovete aprirvi. La lista continua – consapevolezza del cibo che mangiate, consapevolezza degli elfi e dei deva della natura, consapevolezza degli esseri angelici che vi sono vicini, dei vostri aspetti e, specialmente, dei vostri potenziali.

Quindi, in questo momento che condividiamo, portiamo dentro di noi quelle energie per aprire la nostra consapevolezza – la consapevolezza che vicino a voi vi è un'opportunità che sta per entrare; progetti importanti su cui avete lavorato dall'altra parte; cose che sono pronte per arrivare qui, ma, in un certo senso, dovete essere consapevoli che quei potenziali sono lì per poterli portare dentro dagli altri regni.

COMPASSIONE

Il secondo senso angelico è la compassione. Amo questo senso.

Compassione è accettazione incondizionata. Per prima viene l'accettazione incondizionata di sé. Forse la difficoltà più grande che incontrerete mai, è accettarvi completamente. Senza se e/o ma. Senza dire "Mi accetterò quando..." Vuol dire accettare sé stessi, ora, adesso. Sembra facile, ma invece può rivelarsi così difficile. Dite: "Come posso accettarmi se ho dei difetti?" L'illusione dei difetti diventa irrilevante quando siete nella compassione del Sé. Perfino le cose mondane di cui vi preoccupate di solito – peso, età, vista, capelli, queste cose – meritano l'accettazione incondizionata.

Compassione non vuol dire pietà né pena. È semplicemente *accettazione incondizionata.*

Non potete provare una vera compassione per qualcuno o per qualche cosa, se prima non provate compassione per voi. Conosco molte persone che pensano di essere compassionevoli e, più in generale, di salvare il mondo. Alcuni di loro vanno perfino negli altri regni per cercar di salvare tutte le anime perse e, francamente, non hanno alcun diritto di essere là fuori. Tutte queste sono compassioni false, a tal punto che diventano delle distrazioni. La vera compassione è l'accettazione totale del Sé.

Se avete un'accettazione incondizionata del Sé, allora potete incominciare a capire la compassione per gli altri. Se avete una vera compassione per gli altri, non provate a cambiare niente. Non c'è da salvare nessuno; c'è un'assoluta accettazione e c'è da onorare.

Non dovete addolorarvi per il mendicante all'angolo della strada, come tanti di voi fanno. Tanti di voi si sentono *buoni* a provar dispiacere per il mendicante in strada. Dite: "Ma non è la cosa giusta da fare?" Invece di provar dispiacere per il mendicante, la vostra compassione lo onorerebbe e lo ammirerebbe. "Ecco il mio eroe – qualcuno che si è buttato a capofitto nel suo viaggio, nella sua storia, nella sua illusione; qualcuno che riesce a raggiungere il livello di mendicare in strada. È una creazione incredibile."

Dovreste provar dispiacere per una persona che ha un handicap? No. Benediteli con incredibile compassione, onorate il viaggio che si sono scelti e onorate il loro Dio interiore con il vostro Dio interiore. "Che creazione stupenda! Non che io avrei voluto fare, ma che stupefacente esperienza hai creato." Con la compassione diventerete consapevoli che quello è il loro modo di rispondere alla domanda: "Chi sono Io?"

Mi piace finire questo dialogo con la frase "Tutto è bene in tutta la creazione". Questa è una dichiarazione di compassione. Tutto andrà bene, anzi, tutto è *già* stato risolto. È la fisica naturale dello spirito. L'energia cerca la risoluzione. La coscienza si evolve e il caos non esiste. C'è solo la mancanza di consapevolezza di quello che sta realmente accadendo.

Potete avere l'illusione di essere caduti in un abisso infernale per l'eternità. Conosco delle persone così. Dall'altra parte ce ne sono milioni che arrivano con la paura di andare all'inferno. Che cosa incredibile creare quella realtà, essere all'inferno. Alla fine, se ne libereranno. Dopo 100.000 anni in un cristallo, anch'io mi sono liberato. Ne usciranno. Stanno aspettando Yeshua, o Gesù, come lo chiamano loro. Stanno aspettando di essere salvati.

Noi li andiamo a trovare e diciamo: "Indovinate un po', voi siete Dio," e poi scappiamo via! Sfrecciamo via da lì, perché loro si arrabbiano tanto. Se si arrabbiano a sufficienza, forse smuovono abbastanza l'energia da rendersi conto che "È un gioco!".

Compassione è capire che il mondo è esattamente dove dovrebbe essere adesso. Esattamente. Ora, guardate il mondo e dite: "C'è tanto caos, ci sono un mucchio di guerre e tante specie animali che se ne vanno." Sì, è vero. Molte di loro se ne vanno, perché erano detentori dell'energia per voi. Il tempo di quella specie è passato e indovina? Saranno rimpiazzati da nuove specie, più evolute. Quindi, non guardatele con tristezza. "Lo so," dite. "Ma gli umani stanno eliminando completamente le balene." Sì è vero, e forse è giusto così o forse è quello che le balene hanno scelto.

Io amo le balene. In alcune delle nostre prime incarnazioni sulla Terra, eravamo delfini e balene. Avete provato perfino a mettere la vostra energia nelle rocce e non ha funzionato tanto bene, ma poi ci siamo incarnati nelle specie marine, come i delfini e le balene. Abbiamo una forte connessione con loro, e allora, perché se ne vorrebbero andare adesso? Perché loro detenevano tanti vostri potenziali per le incarnazioni biologiche e ora voi state incominciando ad assumervi la piena responsabilità. Quando se ne vanno, lasciano dietro un seme di energia per la prossima evoluzione di specie acquatiche, che non saranno più solo detentori di energia. Le prossime specie acquatiche saranno evolutori di energia.

Vera accettazione significa niente resistenza, niente da correggere, niente da fissare. In tale consapevolezza tutto si rimette in equilibrio automaticamente da solo. È soltanto quando incominciate a pasticciare e a giudicare che le cose perdono l'equilibrio. Il corpo può guarirsi da solo senza medicine. Se prendete tante medicine, beh, vuol dire che non provate compassione per voi e che non avete fiducia in voi. La gente si cura con integratori, acque sante e magiche polveri d'oro, oltre alle medicine. Cosa andrà di moda la prossima settimana? Un'incredibile cura miracolosa dopo l'altra. Con la compassione, il vostro Corpo di Coscienza ringiovanisce da solo costantemente.

C'è solo una cosa che vi può guarire davvero – *voi*. Ecco. Niente cerimonie sacre né formule speciali, niente. Chiunque voglia vendervi qualcosa che non sia voi sta approfittando della vostra vulnerabilità.

Abbiate compassione degli altri, accettando che sono esattamente dove hanno scelto di essere. So che qualcuno di voi vorrebbe battersi con me a mani nude per via di questa cosa, ma quando vi chiedo della vostra vita: "Perché ti capita questo? Perché manchi di abbondanza? Perché quella malattia fisica?" voi dite: "Non so. Non è che lo voglia." Assolutamente sì che lo volete, altrimenti non sarebbe così. Nessuno e niente ve lo infligge.

Abbiate compassione degli altri. Smettetela di cercare di cambiarli. Smettetela di cercare di cambiare il mondo e il mondo smetterà di cercare di cambiare voi. Se sentite una resistenza da fuori è perché voi fate resistenza. Il momento in cui cercate di cambiare tutto il resto, tutto il resto cercherà di cambiare voi.

Questo è un concetto importante per fare viaggi interdimensionali. Ci sono anche i regni eterici, un territorio che non è molto familiare, dove vagano spettri e fantasmi. Se cercate di cambiarli, loro cercheranno di cambiare voi. Se li accettate, loro accetteranno voi e forse vedranno la vostra radianza divina.

La compassione è il mio senso angelico preferito.

IMMAGINAZIONE

L'immaginazione è il senso angelico più bello. È usato troppo poco e spesso viene confuso con l'immaginazione della mente, cioè con il creare un'immagine con la mente. Faccio un esempio:

Nel viottolo che porta al tuo garage, c'è una decappottabile rossa. È una decappottabile sportiva, sfavillante e sexy. Ci vai vicino, ammiri la maestria dei dettagli, le ruote che brillano e i rivestimenti in pelle.

Apri la portiera, entri, giri la chiave e senti il motore a 400 cavalli che romba nel cofano. Inserisci la marcia indietro, vai in retromarcia fino alla strada, inserisci la marcia avanti e, lentamente, ti avvii lungo la strada.

Ti senti libero e leggero.

Guidi e la gente esce di casa per guardare e ammirare. I bambini smettono di giocare e ti guardano imbambolati mentre tu guidi la tua lussuosissima macchina sportiva.

Guidi fino alla periferia della città e poi fuori in aperta campagna, dove non ci sono altre macchine. La strada è tua. Fondo stradale perfetto, strade serpeggianti, e tu premi l'acceleratore e incominci ad andare un po' più veloce.

Senti il vento sul volto e fra i capelli. È una bellissima giornata di sole. Guidando la tua rossa sportiva, fai un respiro profondo pieno di soddisfazione.

Aumenti la velocità, vai sempre più in fretta e provi una sensazione di allegria.

Niente preoccupazioni, niente problemi, ci sei solo tu che sfrecci sulla strada. Non ti devi preoccupare di bollette da pagare, compiti da sbrigare o che altro. Devi solo guidare.

E ora fermati per un attimo. Cosa c'è che non funziona in quest'immagine? Non ci sono sentimenti! Nessun sentimento.

Allora, è una bella immagine, ma è praticamente mentale e quindi limitata. So che qualcuno di voi ha fatto corsi di controllo della mente, anche ai tempi di Atlantide; qualcuno ha fatto le visualizzazioni con un discreto successo. Funziona per un po', ma è una tecnica molto limitata per via della mancanza di sentimento vero, anche perché non ci credete sul serio. Vi guardate allo specchio e dite: "Sono bello. Sono bello. Sono bello." State recitando una frase, ma nel vostro cuore non è detto che ci crediate. Non c'è sentimento.

L'immaginazione è *sensazione*. Immaginare è percepire con i sensi, non è pensare. Molto tempo fa gli umani hanno chiuso con le sensazioni. Si sono messi a pensare. Immaginazione è il sentimento di apertura. Immaginazione non è necessariamente vedere immagini, è piuttosto un'esperienza sensoriale completa.

Adesso facciamolo di nuovo. Chiudete gli occhi e, se non vi dispiace, invece di essere io a guidarvi nella vostra decappottabile fatelo da voi, fate un respiro profondo e *percepitela* voi.

Percepitela voi.

[*Lunga pausa*]

Questa è immaginazione e non visualizzazione soltanto. C'è sentimento, c'è energia invece della sola focalizzazione mentale.

Molto tempo fa, quando eravate esseri angelici, vi siete resi conto che avevate il senso dell'immaginazione e avete incominciato a usarlo. E dal niente, dal vuoto, avete creato la realtà, perché l'avete *immaginata*. Immaginare è entrare con il sentire in tutti i potenziali. Non è un esercizio mentale.

Faccio un altro esempio. Vi chiedo di esserci con l'immaginazione, non con la mente e vi chiedo di immaginare il caos.

Immaginate il caos. Espandetevi nel caos.

[*pausa*]

Fate un respiro profondo.

Il motivo per cui vi chiedo di andare lì è per aiutarvi a capire la differenza tra la visualizzazione, cioè un'attività mentale, e l'immaginazione che è un'esperienza del sentire.

Quando vi chiedo di immaginare il caos, la mente salta di qua e di là cercando di afferrarlo, cercando di fare qualcosa con il caos, ma, di fatto, la mente trova molto difficile interpretare il caos. Non è programmata per il caos. È programmata per mettere in ordine le cose, il che è uno dei problemi inerenti alla mente; è sempre là che cerca di mettere in ordine le cose. Quindi, se immaginate il caos, la mente si confonde ed effettivamente vi lascia immaginare. Potete immaginare il caos.

Allora, com'era? Un sentimento, mancanza di ordine, di riferimenti umani – è solo caos. Ecco *quello* è immaginare.

L'immaginazione è uno strumento sorprendente se applicato alla vita quotidiana. Quando ho parlato di liberarsi dalla propria prigione, vi ho chiesto di immaginare i potenziali. Come ci si sentirebbe a essere liberi di farlo? Quale sentimento provate? Quello che state veramente facendo è immaginare i potenziali.

I potenziali sono bolle di esperienze fra cui potete scegliere. Voi avete creato i potenziali, ognuno di loro, quando avete attraversato il Muro di Fuoco. Sono quasi illimitati e se usate l'immaginazione entrate col sentire dentro quei potenziali. Allora, potete decidere quali scegliere.

L'immaginazione è completamente aperta e libera. È un *sentire* piuttosto che il frutto di schemi del pensiero.

L'altro problema è che gli umani hanno smesso di scegliere. Hanno creato il sistema di credenza chiamato "fato" o "destino" e questo limita drasticamente le scelte e, in alcuni casi, le elimina completamente. Sì, ci sono dei desideri, cose di cui vorreste fare l'esperienza nel corso della vita, ma non sono intese come lezioni o sfide, solo come potenziali. E sapete una cosa? Potete cambiare quei potenziali quando volete. Come si fa? Ci entrate con l'immaginazione e poi scegliete.

Non serve dare specifiche. Non avete bisogno di dire: "Voglio una macchina rossa nel viottolo davanti al garage di casa mia," perché l'immaginazione è molto più ampia. È un sentimento. Non occorre essere letterali. Questo può venire dopo, quando sarete un po' più esperti nell'uso dell'immaginazione.

L'immaginazione è andare col sentire dentro i potenziali, espandere la consapevolezza, diventare molto interdimensionali. Una parte del problema, di nuovo per via della limitazione della mente, è che la mente ha molta difficoltà a operare in dimensioni che non siano quelle della realtà fisica in cui esistete. Lo capisce molto bene, ma ha difficoltà a immaginare i potenziali.

Alcuni dei più grandi inventori, scienziati e pensatori moderni erano anche dei grandissimi immaginatori. Loro si aprivano davvero completamente e si lasciavano andare liberamente, col sentire, non con il pensiero. Thomas Edison amava immaginare. Non ne parlava con molte persone, perché avrebbero potuto pensare che andare in uno stato di sogno fosse un po' strano. Ma l'immaginazione va ben oltre.

Anche Nikola Tesla, naturalmente, era un grande immaginatore. Albert Einstein, Beethoven, Mozart – tutti i grandi – avevano un'immaginazione prolifica. Questo li ha resi grandi. Sono andati oltre la mente. Hanno immaginato. È uno degli strumenti più potenti che avete e uno dei più facili da usare.

Immaginazione e scelta creano la realtà. È questo che ha creato tutto ciò che esiste fuori di Casa.

Sognare a occhi aperti è una forma di immaginazione. Di fatto, andate a esplorare altri potenziali. Il punto è che, tornando indietro, non portate quelle energie sulla Terra. Lasciate negli altri regni alcuni di quei grandiosi potenziali, di quelle grandiose immaginazioni.

Quello che facciamo qui è aprire il passaggio che permetterà all'essenza di fluire dagli altri regni dentro la vostra vita umana.

Fate un respiro profondo e datevi il permesso di immaginare. Immaginate apertamente, liberamente, follemente.

FOCALIZZAZIONE

Parliamo del prossimo senso angelico, la focalizzazione.

Avete i doni della consapevolezza, della compassione e dell'immaginazione. Ma gli angeli e gli umani hanno bisogno della facoltà di focalizzare la consapevolezza e l'energia entro segmenti definiti di quell'ampio spettro, in modo da poter comprendere le loro creazioni e la creazione che li circonda.

Gli umani hanno imparato abbastanza bene a farlo, anche troppo bene. Il lavoro che avete fatto a Lemuria di focalizzare la vostra energia angelica entro la densità e la biologia della materia, vi ha aiutato a sviluppare il senso della focalizzazione. Nell'Atlantide furono fatti sforzi intensi per lo sviluppo della mente riguardo alla focalizzazione.

Ora, siete capaci di focalizzare la consapevolezza umana solo su poche cose alla volta. In questo momento siete focalizzati su di me, siete poco focalizzati su come si sente il vostro corpo e una piccolissima parte di voi pensa alle cose di cui vi dovete prender cura, a qualcosa inerente al lavoro, a dei compiti da svolgere. Ma, generalmente, il campo è abbastanza limitato.

Un umano dovrebbe essere capace di focalizzarsi su 77 cose diverse alla volta e farle tutte bene! Nella mia incarnazione più recente sulla Terra nei panni di Saint-Germain ero capace di scrivere simultaneamente una composizione musicale con una mano, scrivere una lettera a un amico con l'altra, tenere una conversazione con un altro amico e pensare a una nuova invenzione – e tutto mentre dormivo. È un po' un'esagerazione, ma non troppo.

La facoltà angelica della focalizzazione è un grande dono, perché, non appena aprirete la vostra consapevolezza, incomincerete a udire o a sentire che stanno accadendo tantissime cose diverse. In questa stanza stanno accadendo moltissime cose contemporaneamente e se non ci si focalizza, tutto diventa un po' opprimente oppure confuso.

Facciamo un'esperienza. Focalizzatevi su di me. Focalizzatevi anche su Kuthumi lal Singh che è qui, ora e intanto immaginate il pranzo e ripensate anche a un sogno fatto di recente. Fate tutto questo insieme, contemporaneamente, senza saltare dall'uno all'altro. Provateci.

[*breve pausa*]

Come è andata? Vi ritrovate a saltare dall'uno all'altro – da me a Kuthumi, al pranzo e poi ai sogni – perché la mente umana è programmata per la singolarità; una cosa alla volta. Ma, in realtà, la mente vuole tornare a focalizzare una gamma più ampia, a una focalizzazione multipla. Ne ha la capacità; giocate con la focalizzazione multipla, lasciate che entri.

È un gran giocattolo con cui giocare – la focalizzazione multipla – perché quando vi espandete nelle altre dimensioni, non è al singolare. È molto multidimensionale, tante cose che accadono contemporaneamente. La mente cerca di focalizzarsi su una cosa o su un'altra. Speriamo di riuscire ad andare fuori dalla mente. L'abilità di avere diversi raggi focali contemporaneamente diventerà importante. Vi permetterà di fare tante cose nello stesso momento. Credo che gli umani lo chiamino multi-tasking.

ESPRESSIONE

Il quinto senso angelico è l'espressione. Avete tutti questi doni grandiosi – consapevolezza, compassione, immaginazione, focalizzazione – e avete anche la capacità di espressione.

Lo Spirito, cioè te stesso, ha un desiderio innato di conoscersi, di fare l'esperienza di sé e di esprimere sé stesso. È la gioia dello Spirito. A che cosa varrebbe avere tutto questo incredibile amore, gioia e compassione se non si è capaci di esprimerli?

L'espressione è un dono naturale. L'espressione ha aiutato a creare la realtà nei regni angelici; ha aiutato, partendo dal niente, a creare la realtà tramite l'espressione, compresa questa realtà fisica.

Espirazione è espressione. In altre parole, lo Spirito ha espirato esprimendosi. Per citare dei versetti biblici:

"In principio era il Verbo, e il Verbo era presso Dio, e il Verbo era Dio." In principio c'era l'*espressione*, e l'*espressione* era presso Dio, e l'*espressione* era Dio.

"In principio Dio creò il cielo e la terra."

Questa è stata una delle prime espressioni dello Spirito.

"Ora la terra era deserta e vuota; le ricoprivano l'abisso e sulle acque aleggiava lo Spirito di Dio."

Prima che ci fosse l'espressione non c'era niente, solo il vuoto. Quando lo Spirito "aleggiò", cioè si espresse, creò la sostanza.

"E Dio disse: 'Sia la luce,' e la luce fu."

Lo Spirito si espresse e allora la creazione prese vita.

In un modo o nell'altro vi esprimerete. Se non scegliete di esprimervi coscientemente, se non danzate, scrivete un libro, suonate, se non fate *qualcosa* per esprimervi, vi esprimete lo stesso. La depressione è un modo di esprimersi. È l'anima che sperimenta qualcosa. La rabbia è un modo di esprimersi. Annientarsi è un modo di esprimersi, un modo piuttosto strano, ma è un modo di esprimersi.

Vi incoraggio a fare qualcosa, perché l'espressione è naturale al vostro spirito ed è uno dei cinque doni angelici. Espressione è qualunque cosa voi scegliate di fare e poi la lasciate fluire. Quando siete nell'espressione, viene attratta una maggior quantità di energia che poi fa fluire ancora energia. Smuovete un po' di terra. Fate un po' di *toning*. Il *toning* è una gran cosa; smuove l'energia. Sì, potete cominciare tossendo, perché avevate tanta energia repressa, ma smuove di nuovo l'energia che avete dentro, nel profondo. Il vostro Corpo di Coscienza ha un gran desiderio di esprimersi e quando è intrappolato in un'angusta prigione, quando è circondato dalla paura, dal dubbio e dall'inattività, *troverà* un modo di muoversi, ma forse un modo poco piacevole per voi. L'espressione potrebbe anche voler essere il salire in macchina per andare a farsi un giro. Anche quello è un modo di esprimersi.

Durante il risveglio spirituale c'è la tendenza a fermare tutto, a smettere di esprimersi. Prima o poi uscirà. Avrete un esaurimento nervoso, forse. Qualcosa di traumatico o di drammatico accadrà nella vostra vita. Perderete il lavoro – questa è espressione. Vi ammalerete – questa è espressione, energia che si esprime. Il vostro rapporto sentimentale si romperà – questa è una forma di espressione.

Vi incoraggio ad afferrare il senso angelico dell'espressione e che siate *voi* a scegliere come volete esprimervi. Scrivete un libro. Scrivete una commedia. Andate in un negozio di musica, compratevi uno strumento, portatevelo a casa e incominciate a suonarlo. Cucinate – che è un modo bello di esprimersi. E quando lo fate, entrate in quell'energia e sentitela. Come ci si sente a esprimersi? In altre parole, mettete tutti i sensi angelici al lavoro, smuovendo di nuovo l'energia e, davvero, secondo il mio modesto parere, non c'è niente che faccia star meglio quanto smuovere l'energia in modo consapevole. Lo fate lo stesso, ma per la maggior parte del tempo non lo fate consapevolmente e non fate quello che vorreste veramente fare.

Vi sentirete più aperti, liberi e felici e vi ricorderete cosa vuol dire incominciare di nuovo a giocare con l'energia. Molti hanno smesso di giocare con l'energia per svariati motivi – paura, mancanza di fiducia in sé, vecchi sistemi di credenza – e l'energia si è fatta stagnante. Piatta. Ha un cattivo odore.

Fate un respiro profondo, proprio come lo Spirito. Inspirate e mentre espirate lasciate che l'espressione fluisca fuori di voi.

Capitolo Undici

MAKYO E AHMYO

AHMYO

C'è una parola per la totale fiducia di sé. Noi la chiamiamo Ahmyo. È più che una parola, è una tonalità – ahhh-mmmm-yoooo. Come se srotolaste la lingua.

Ahmyo è la fiducia in assoluto – non nel mondo esteriore, non nelle altre persone, non in entità o alieni – ma in sé stessi. Ahmyo. Io Sono Ciò Che Sono. Qualunque cosa succeda nella vostra vita, voi sapete incondizionatamente di averla creata per il *vostro* bene più alto.

Nel momento in cui accettate Ahmyo, aprite la porta a potenziali che prima vi erano ignoti.

Ahmyo è assolutamente puro. È la realizzazione dell'Io Sono. Ahmyo è il punto in cui smettete di dubitare di tutto quello che accade, smettete di cercar di analizzare ogni cosa, in cui capite che tutto è creato da voi per un bene più alto, per la vostra espansione, o per gioire della vita. Quel livello di fiducia in sé è stato sperimentato da tutti i Maestri Ascesi nella loro ultima vita in Terra. Ahmyo è lo stadio finale e, forse, il più gioioso.

Immaginate per un attimo come vi sentireste, se voi aveste una fiducia assoluta, incondizionata, in voi stessi. Ahmyo. Se vi fidaste anche del vostro corpo. Sì, anche se si ammala e soffre, riuscite a fidarvi di lui? Ahmyo. Non importa quello che succede, lo avete creato voi, per amore del sé.

Quando accettate veramente Ahmyo smettete di preoccuparvi delle piccole cose della vita. Smettete di sprecare l'energia su cose che non hanno vera importanza, in modo da poter essere pienamente consapevoli della vita stessa. Ahmyo.

Non vi preoccupate più di cosa sta per succedere, perché vi rendete conto che quello che succederà sarà assolutamente perfetto. Ma, nel momento in cui siete nello stato di Ahmyo, cambiano i potenziali della malattia e le energie bloccate e ferme incominciano a muoversi di nuovo. Apre i potenziali di cose quali la mancanza di abbondanza. Improvvisamente quando dite: "Io l'ho creato," si rivelano i veri potenziali più alti, invece della limitata illusione di povertà. A questo punto, non immettete i "brutti scenari", perché non c'è più bisogno di loro. La vostra anima ha attirato la vostra attenzione, stava solo aspettando che voi credeste in voi stessi.

MAKYO

E allora, quale sarà l'antitesi di Amhyo? Makyo!

Makyo significa falso, ingannevole, illusorio, relativo alle distrazioni del percorso spirituale.

Quindi, l'opposto di Ahmyo è Makyo. Makyo capita a tutti quelli che conosco che sono nel cammino spirituale, compreso il Buddha e tutti i Maestri Ascesi che ho conosciuto. Nel loro percorso, arrivano a un punto di Makyo. Arriva verso la fine dell'autorealizzazione e, allora, incominciano a inquinarsi con mille distrazioni, retoriche spirituale, rituali e routine, e anche con credo limitati, dogmi e rettitudine.

Spesso Makyo arriva perché c'è una resistenza a finire il gioco. In altre parole, avete la sensazione che state per diventare "illuminati", ma non siete proprio pronti a uscire dal gioco. Volete continuare a cercare, invece di divenire.

Makyo c'è anche perché non volete affrontare il vero problema che ora vi sta davanti e che è Ahmyo. Fiducia.

Ho visto degli esseri umani spiritualmente stupendi, radianti, molto evoluti nel loro cammino spirituale, pronti a fare il passo finale per entrare nello stato ascensionale e, improvvisamente, diventare Makyo. Si fanno prendere dalle distrazioni e dalle illusioni. Hanno letteralmente paura di fare il passo finale, di avere il 100 per cento di fiducia in sé. Arrivano al 99,9 ma hanno paura di superare la linea di traguardo. È una trappola enorme per gli operatori spirituali e, soprattutto, per i leader spirituali. Improvvisamente, pensano di dover agire in un certo modo – essere saggi, intelligenti, che grondano luce bianca e impartiscono benedizioni e saggi insegnamenti. No. Anzi, il vero maestro spirituale e il vero operatore diventano molto umani, perché non hanno paura.

Ogni credo che ora avete è Makyo. È un'antica parola zen e tradotta letteralmente significa la caverna di Satana o la tela del ragno dell'inganno. Io uso una terminologia molto più pratica: merda o cacca spirituale. Ogni sistema di credenza che avete è praticamente fasullo.

Qual è il vostro Makyo? Quali sono certe vostre distrazioni spirituali? Siete spiritualmente arroganti? A quali sistemi di credenza vi aggrappate? Quali sono i sistemi di credenza e quale Makyo vi siete portati dentro di recente?

Il passato e il futuro sono Makyo. L'unica cosa che importa è questo momento. Tutti i vostri credo – i credo spirituali, i credo umani, ogni tipo di credo – da questo momento in poi dovrebbero venir tutti inseriti nella categoria Makyo. Non hanno importanza, a meno che non gliene diate voi.

Capitolo Dodici

LA FINE DELLA DUALITÀ

UN BREVE RIASSUNTO DELLA DUALITÀ

In principio c'era il Primo Cerchio, l'Uno. Chiamiamolo Casa. La vostra coscienza se n'è andata da Casa per vivere una grandissima avventura. Quando avete lasciato Casa, una delle vostre prime esperienze è stata la dualità. Dopo la consapevolezza dell'Io Sono, dopo la consapevolezza di voi come esseri sovrani, improvvisamente la dualità è entrata a far parte della vostra realtà. A quel punto la creazione aveva due elementi, anziché Uno. C'erano l'oscurità e la luce, il positivo e il negativo, comunque li vogliate chiamare, e la creazione da allora è sempre stata nella dualità. Ogni dimensione, ogni particella di tutta la creazione è stata sottoforma di dualità.

La dualità ha creato molte prospettive interessanti in opposizione. Ha creato il maschile e il femminile. Ha creato la vostra percezione di bene e male, di luce e oscurità, perfino di sotto e sopra. La dualità è stata una creazione brillante, perché vi ha permesso di vedervi. Senza dualità non potreste capirvi come vi potete capire ora. Non avreste lo specchio, o l'opposto, in cui guardarvi. La dualità ha creato la frizione tra gli elementi. Ha aiutato a creare la realtà in cui esistete. Ha creato quella cosa chiamata energia vibrazionale. È stato incredibile.

Sull'altra faccia di questa cosa incredibile chiamata dualità, ci sono tanta fatica, tante guerre, e un gran battagliare e non solo qui sulla Terra. Ci sono state battaglie nei regni angelici sin da quando ci sono stati gli angeli. Potete chiamarle forze oscure e forze di luce, ma sono forze che si oppongono a vicenda, cioè si rubano l'energia le une alle altre.

Lo scopo originario di rubare l'energia a un altro essere, era di avere abbastanza carburante da poter ritornare a Casa, ma voi non tornate a Casa, mai. Anche se ci provaste non la trovereste, perché è diversa. Non è quello che era. Cambia con ogni pensiero, ogni azione e ogni esperienza degli angeli e degli umani.

Queste forze opposte hanno battagliato per eoni di tempo e le battaglie degli angeli non sono avvenute solo nei regni angelici, ma anche nei regni terrestri. Molte delle battaglie angeliche del passato non erano avvenute con esseri fisici; c'erano state tra esseri angelici, i quali, però, si erano molto avvicinati alle energie della Terra. A volte, avevano fatto vittime fra gli umani, che non erano minimamente consapevoli di queste altre energie, che causavano conflitti e guerre nella loro umana vita quotidiana.

La dualità ha provocato, a volte, estremi disagi a tutti voi. Voi siete stati dalla parte di quello che chiamate il lato oscuro e dalla parte della luce. Siete stati sedotti dall'oscurità e siete stati sedotti dalla luce. È stato un gioco senza fine, avanti e indietro, prima un lato della dualità vincente, poi l'altro. Invece di imparare nuove lezioni nel viaggio della vostra anima, tutto è diventato una ripetizione infinita dello stesso vecchio gioco.

In un certo senso, la Terra è un teatro dove si recita quello che accade negli altri regni, e lo si recita in un modo molto fisico, pienamente scandito dal tempo. Tutto ciò è andato avanti per eoni.

In tempi più recenti voi, per la maggior parte, siete diventati guerrieri della luce. Nella vostra storia, c'è stato un tempo in cui vi siete allineati con l'oscurità e poi avete detto: "Mai più". Avete scelto di essere guerrieri della luce, di dar battaglia all'oscurità. Avete passato la maggior parte di questa vita come guerrieri della luce, difendendo i diritti degli altri, lottando contro l'oscurità, proteggendo e difendendo gli altri e sostenendo la legittimità della luce.

RIUNIFICAZIONE

Negli ultimi anni, lì, in quello che chiamate il cuore della creazione fuori di Casa, nel cuore della coscienza della dualità, la luce e l'oscurità si sono riunite. Sono diventate una cosa sola. La battaglia tra la luce e ombra è finita. Non c'è bisogno che la dualità esista ancora.

Qualcuno dice che l'ombra si è arresa alla luce. Qualcuno dice che la lotta era diventata così vecchia ed estenuante, che entrambi gli elementi della dualità erano semplicemente stremati. Qualcuno dice che tutto il lavoro che è stato fatto sulla Terra da alcuni umani per integrarsi, per riunire la propria luce con la propria ombra, ha portato all'unione della dualità.

Questo è molto, molto vero. Se volete segnare una data in cui ciò è avvenuto, potete dire che è avvenuto verso la fine del 2009. Ci sono voluti decine di migliaia di anni terrestri, ma alla fine del 2009 la luce e l'ombra si sono integrate insieme.

Che cosa significa questo? Non significa che all'improvviso tutta la creazione si integra, perché ci vorrà molto tempo prima che gli effetti di questo evento vengano sentiti e annunciati in tutti gli angoli della creazione. Ma potrebbe avere un grosso impatto su quelli che ora ne sono consapevoli.

E se non dovete più combattere l'oscurità? E se non dovete più tener lontano quello che dentro di voi considerate ombra? E se non dovete più essere i difensori e i protettori della luce? E se non dovete più scappar via e nascondervi dall'oscurità? E se vi poteste connettere con il centro dell'energia dove non c'è più la dualità? E se poteste, di fatto, aiutare a radicarla qui sulla Terra, portando quella consapevolezza dentro di voi?

Ci vorrà molto tempo prima che tutta la creazione abbia la consapevolezza necessaria per capire l'impatto di questo evento. Come alcuni di voi potrebbero ricordare, alla fine della Seconda Guerra mondiale c'erano dei soldati Giapponesi in alcune isole del Pacifico che, quando hanno saputo che la guerra era finita, hanno deciso di non crederci. Anche se la notizia era in prima pagina, loro pensavano che fosse una menzogna. Anche se altri dicevano loro: "La guerra è finita", loro pensavano che fosse un inganno. Continuarono a combattere, finché morirono molto tempo dopo che la guerra era effettivamente finita.

In un certo senso, qui succede la stessa cosa. Ci sono entità e umani che sono talmente immersi nella dualità, che sia luce o ombra, che continueranno la lotta della dualità. Ma voi – *se lo sceglierete* – potete smetterla nel corso di questa vita. Vedrete che ne siete circondati sul pianeta Terra, perché il pianeta Terra è stato edificato sulla dualità. Ma nel corso della vostra vita – nel corso della vostra vita – voi potete dare una sbirciatina a questa unione e capire che la dualità ha cessato di esistere, se lo sceglierete.

Considerate le implicazioni nella vostra vita. Quando sentite le notizie attuali, leggete i titoli dei giornali, sentite gli altri che parlano di tutte le tragedie che succedono sulla Terra di questi tempi, dalle guerre alle problematiche dell'economia, dalla carenza di combustibili ai danni ambientali, prendetevi un momento per sentire dove sta andando questo pianeta.

Qualcuno ha predetto che la Terra finirà nel dicembre del 2012. Lo dubito molto. In realtà, il genere umano si sta dirigendo verso i suoi tempi migliori. Ecco perché ho suggerito al mio pubblico di investire. Investire prima di tutto in sé stessi, nel lavoro, nelle idee creative, negli affari, nello scrivere canzoni e libri, nelle consulenze e nelle pratiche terapeutiche. *Investite nei vostri sogni.* Non fate che siano solo sogni in qualche dimensione lontana. Usate gli strumenti che avete ora, adesso, per investire in voi stessi. Portate quei sogni qui sulla Terra.

Investite nell'umanità. Investite nelle società, specie quelle con cui sentite un'affinità, che fanno le cose che vi piacciono. Investite nell'umanità. Milioni di umani stanno incominciando a svegliarsi. Noi udiamo le preghiere e i pianti di tutti coloro in tutto il mondo che si stanno risvegliando ora, adesso. Non verranno mai a un incontro come questo né leggeranno questo libro, perché lo considerano troppo radicale, ma verranno alle *vostre* lezioni, ai *vostri* seminari. Chiederanno le vostre consulenze, in quanto Standard, in quanto permetterete loro di amare sé stessi, permetterete loro di essere il Dio che veramente sono.

I prossimi anni saranno ancora anni di adattamento, per la Terra. Durante l'adattamento ci saranno ancora anni difficili. La consapevolezza umana sta facendo il cambiamento più grande che abbia mai fatto e si sentirà il contraccolpo in ogni cosa della vita quotidiana. Ma, dopo, cari amici, la Terra prenderà il volo e raggiungerà grandi altezze.

Il fatto che, nel nucleo di ogni cosa, la dualità cesserà di esistere avrà un profondo impatto. Non so come chiamarlo. Non so se direte che l'essenza di tutto è l'Uno o è la compatibilità o è la compassione, ma è qui.

Guerra, lotte e conflitti, l'opposizione tra luce e ombra, il sopra e il sotto, il buono e il cattivo, il maschile e il femminile, sono finiti. Potete fare un respiro profondo e rilassarvi. Potete abbassare le difese per essere chi veramente siete, proprio qui, sulla Terra, ora, adesso.

Per favore, sappiate che tutto è bene in tutta la creazione!

Capitolo Tredici

NIENTE

È NATURALE

Cauldre, colui che conoscete col nome di Geoffrey Hoppe, prima mi ha chiesto: "Adamus, quale sarà il messaggio di questa sera per queste care persone?" Io gli ho risposto: "Caro Cauldre, nulla!" Non ho nulla da condividere e questo fa parte del problema. Voi credete di dover fare qualcosa, studiare, dedicarvi alle vostre discipline divertenti – i canti, la meditazione – tutte queste cose. Questo è il problema di molti esseri spirituali di adesso. Pensano di dover far qualcosa o che ci sia qualcos'altro da raggiungere a livello spirituale – un altro workshop, altre lezioni, un altro libro, un altro messaggio da una lunga serie di canalizzatori – ma, in realtà, la cosa divertente è che non c'è niente.

E intendo proprio questo, cari Maestri. Intendo proprio questo e molto seriamente. Non c'è niente che dobbiate fare. In qualunque modo lo vogliate chiamare – risveglio, illuminazione, ascensione – è un processo naturale. Se la smetteste di pensarci, se la smetteste di manipolarlo e se la smetteste di cercarlo, sareste illuminati istantaneamente.

Vedete, il risveglio è una cosa che avete scelto molto tempo fa. Molto prima di venire sulla Terra avete detto: "Un giorno finirò il ciclo delle reincarnazioni." Avete detto: "Un giorno mi renderò conto che sapevo già tutto quello che credevo di dover imparare."

Praticamente, quindi, avete finito. Sostanzialmente, poiché sono uno dei vostri professori, adesso vi chiederò di lasciare subito la scuola. Vi chiederò di lasciare la scuola spirituale. Di non andare a prendere una laurea, di non andare ad altri corsi per impratichirvi e per imparare. Avete tutto quello che vi serve. È fatta. Questa sera non abbiamo niente di cui parlare.

Questa notizia avrebbe dovuto farvi applaudire e brindare, ma siete tutti fermi e immobili su quelle sedie e dite: "Davvero? Io? Adamus, non stai certo parlando di me. Forse ti stai rivolgendo alla persona seduta accanto a me. Se sono davvero illuminato, perché non so ogni cosa? Se sono davvero illuminato, perché ho così tanti problemi? Se sono davvero illuminato, perché tanta mancanza di abbondanza? E se sono davvero illuminato, perché ho problemi di salute?"

Di conseguenza, ognuno di voi arriva alla conclusione che c'è qualcos'altro da imparare e che non è proprio illuminato. Questo tipo di consapevolezza trattiene le parti di voi che, quindi, non fluiscono, impedisce che, nella vostra vita, avvengano le sincronicità e vi mantiene in uno stato di ricerca continua.

Cari amici, e se non aveste più nulla da dover fare? Questo come cambierebbe il momento presente? Come cambierebbe il resto della vostra vita? Cosa succederebbe se, questa sera, uscendo di qui, aveste così tanta fiducia in voi stessi, una fiducia profonda e colma di amore, da sapere che non c'è nulla che dobbiate fare?

È come se foste dipendenti dalla ricerca spirituale. Nonostante tutte le preghiere e le tecniche e tutto il resto che ognuno di voi fa, è come se voleste mantenere una distanza tra voi e Dio.

Forse è perché non riuscite ad accettare che voi siete Dio? Forse perché la vostra percezione di Dio è quella fatta dall'uomo e quindi irraggiungibile? È forse perché avete cercato quella cosa elusiva per così tanto tempo che ora è l'unica cosa che sapete fare?

Il risveglio è un processo naturale. Non può essere strutturato e non dovrebbe essere manipolato. È quello che è. In effetti, voi avete creato la vostra illuminazione, la vostra sovranità, eoni di tempo fa e, quindi, è. Quindi, nel momento in cui non fate nulla, esso diventa effettivamente parte della vostra realtà.

Non importa quanti peccati avete creato in questa vita, quanto karma brutto avete dalle altre vite. Se non fate niente, quel processo naturale fluirà naturalmente, come un fiore che sboccia a primavera.

USCIRE FUORI DALLA MENTE

Quando smettete di provare, accade una cosa sorprendente: uscite dalla mente. Andate veramente fuori dalla mente e questa è una cosa meravigliosa, perché parte di questo processo naturale si evolve al di là della programmazione mentale e delle sue inerenti limitazioni. Se smettete di pensare e di controllare, improvvisamente, quella cosa chiamata gnosi, la divina intelligenza, o come la chiamo io l'Io Sono, improvvisamente diventa il vero voi.

La vostra divina intelligenza non lavora per niente come la mente umana. Innanzi tutto, è infinita, mentre la mente è limitata. La divina intelligenza non consuma energia, ma la mente sì. Avete mai notato che se dovete pensare molto, vi stancate anche molto? È perché la mente consuma energia.

La divina intelligenza è consapevolezza pura. Vi aiuterà ad attirare l'energia nella vostra vita, ma non le serve energia per la propria sopravvivenza. La divina intelligenza ha immaginazione. Sa capire o comprendere potenziali che la vostra mente non può nemmeno concepire. La divina intelligenza sa le risposte prima ancora che vengano poste le domande, mentre la mente fa sempre domande e dà poche risposte.

Uscite dalla mente nel processo del risveglio e quando succede vi fate prendere dal panico. Vi tirate indietro. Ritornate alle solite abitudini. Ritornate alle vostre abitudini mentali confortevoli, ma piuttosto opprimenti.

Nel momento in cui sentite che perdete il controllo mentale, vi tirate indietro. Credete di essere sul punto di cadere in un profondo abisso buio, in un qualche buco vuoto se non pensate, se non lavorate, se non vi date da fare. Ma non cadete e non cadrete.

PERMETTETEVI IL RISVEGLIO

Vi sfido a non fare nulla, a permettere che avvenga questo naturale processo del risveglio – che viene dalla vostra anima che si integra col vostro divino. Non manipolatelo. Non parlatene. Non entrate nella modalità mentale di parlarne con gli amici o con i familiari che ancora avete. Non chiamate il vostro gruppo di pettegoli spirituali per raccontare le vostre ultime avventure del dramma spirituale.

Non fate niente. Siateci. Permettetelo. Sentitelo. Assaporatelo. Beneditelo.

Nel momento in cui incominciate a parlarne, entrate nel mentale. Nel momento in cui incominciate ad analizzare cosa vi è accaduto, entrate nel mentale. Nel momento in cui iniziate a fare il paragone con un'altra esperienza, nel momento in cui incominciate a chiedervi in quale momento astrologico è accaduto, lo perdete.

Semplicemente siateci. Respiratelo. Ringraziate voi stessi per l'amore e la fiducia che avete posto in voi. E questo, cari amici, è il niente.

VI STANNO ASPETTANDO

Sulla Terra, proprio ora, c'è una forte pressione e anche dell'energia bloccata. Il flusso naturale della consapevolezza è bloccato, una specie di costipazione spirituale, perché ci sono persone che come voi, hanno scelto di risvegliarsi. Ci sono milioni di umani che sono all'inizio della loro esperienza del risveglio, che seguono il lavoro che avete fatto voi.

Se non avete fiducia del vostro processo naturale, se non insegnate quello che avete da condividere, i milioni e milioni di persone che vi seguono e si stanno risvegliando avranno una costipazione. Stanno aspettando *voi*, stanno aspettando che voi gli insegnate la semplicità dell'ascesa e come sia facile la sovranità. Stanno aspettando che voi diciate loro che non stanno impazzendo, che tutto è secondo l'ordine divino e che l'unica cosa che devono fare è gustare l'esperienza del risveglio.

Il prossimo gruppo di persone non andrà ad ascoltare le canalizzazioni di Teste Morte come me. Non metteranno i cristalli tutt'intorno al letto come ha fatto qualcuno di voi. Non andranno a sedersi in stanze che puzzano di sudore, pensando che sia "un'attività spirituale". Vogliono semplicità. Vogliono farlo senza tutti gli addobbi che alcuni di voi hanno usato. Vogliono l'illuminazione senza Makyo, senza le stronzate.

Vi stanno aspettando. Vogliono sapere come funziona. Vogliono sapere quanto tempo ci vuole. Vogliono sapere qual è la via più veloce per arrivarci e vogliono sapere del vostro percorso. Vogliono guardare negli occhi un umano che ha avuto il divino risveglio. Vogliono guardarvi nel cue, non nella mente, sentire la vostra passione e questo, cari amici, è quello che noi chiamiamo Standard. Voi, i veri Maestri.

Sì, potete raccontar loro storie su storie sulla sofferenza che avete sopportato lungo il cammino verso l'illuminazione spirituale e su come sia finito molto in fretta una sera in una riunione a Monaco, quando un elegante bizzarro illuminato Grande Maestro Asceso vi ha impartito il profondo Antico Sapere: *Il non fare*.

Domani non ci sarà alcuna sfida. Ritornerete a qualche vecchia abitudine e a qualche dubbio. Entro le 10 di domani mattina, vi chiederete: "E adesso che faccio?" Quando vi succederà, fate un respiro profondo e poi non fate niente. Ringraziate il naturale processo del risveglio.

E ora, un ultimo commento prima che vada via. Vorrei che tutti sentiste nel profondo del vostro cuore, con l'udito e col sentire, il canto più celestiale:

Tutto è bene in tutta la creazione.

Tutto è bene in tutta la creazione. Non c'è niente che abbia bisogno di essere messo a posto, niente che abbia bisogno di essere cambiato, niente che sia andato storto. È stata solo un'esperienza.

E tutto è bene in tutta la *vostra* creazione.

Quindi, Io Sono Ciò Che Sono, Adamus Saint-Germain, con gioia al vostro servizio.

)*

LE EDIZIONI
STAZIONE CELESTE

Il nostro proposito è quello di ricercare e proporre opere che contengano chiavi per aprire nuove porte della coscienza, mostrando una nuova via a tutti coloro che attraverso la libera ricerca interiore per la conoscenza del sé vogliono essere protagonisti della propria esistenza, affinché si affermi un "nuovo paradigma", ovvero un nuovo modo di percepire la realtà basato su una visione *energetico-spirituale* dell'esistenza che dia valore a tutto ciò che di bello e di vero vi è nell'Uomo: Pace, Equilibrio, Armonia, Energia, Libertà, Consapevolezza di sé e dell'universo che lo circonda.

Questo è l'intento che ci ha spinti ad allargare i nostri confini oltre il portale web *stazioneceleste.it* e dar vita a una piccola casa editrice che ha scelto di pubblicare libri che resistano al passare del tempo, capaci di accompagnare il lettore verso le frontiere dell'esistenza, offrendo sempre nuovi spunti di riflessione e di comprensione, utili, in quest'epoca di grandi cambiamenti e straordinarie opportunità, per migliorare se stessi e il mondo.

Per informazioni sul catalogo e le novità editoriali visitate il nostro sito: *www.edizionistazioneceleste.it*.